HANDBUCH STICKEN

GABRIELE JEPSEN

STICKEN

ENGLISCH VERLAG

Die Deutsche Bibliothek – CIP-Einheitsaufnahme
Handbuch Sticken / Gabriele Jepsen. –
Wiesbaden: Englisch, 1995
ISBN 3-8241-0606-X

NE: Jepsen, Gabriele

ISBN 3-8241-0606-X
Fotos: Axel Weber
Printed in Belgium

INHALTSVERZEICHNIS

Nadelmalerei, ca. 1900

1. EINLEITUNG

1.1 Einführung

Sticken ist eine Handarbeitstechnik, für die man Zeit, Ausdauer und ein bißchen Geduld mitbringen muß. Drei Dinge, die in unserer hektischen Welt immer knapper werden.
Aus diesem Grund gehört das Sticken wohl zu den am meisten bewunderten Handarbeiten. Als geübte/r Sticker/in werden Sie wahrscheinlich jetzt lächeln. Sie und ich wissen, daß die Arbeit an einer Stickerei genau das Richtige ist, Hektik und Streß zu vergessen und innere Ruhe einkehren zu lassen.
Sollten Sie das erste Mal eine Sticknadel zur Hand nehmen, glauben Sie uns: Sticken macht einfach Spaß. Trotzdem oder gerade deshalb freuen wir uns natürlich über die Wertschätzung unserer Arbeit.
Um Geübten und Ungeübten die Arbeit mit der Nadel zu erleichtern, habe ich mich bemüht, ein übersichtliches Nachschlagewerk zum Thema „Sticken" zu schreiben, eine Art Lexikon.
Auch mit einer langjährigen Stickerfahrung stößt man auf Begriffe, Techniken oder Stichbezeichnungen, die man nicht sofort zuordnen kann. In diesem Fall hoffe ich, mit dem vorliegenden Buch helfen zu können.
Die Stickarten und die Stickstiche sind deshalb nicht nach den Techniken, sondern jeweils alphabetisch geordnet. Denn: Wenn ich nicht weiß, wie der Hexenstich gestickt wird, weiß ich vermutlich auch nicht, ob ich ihn unter geketteten, geknoteten, geschlungenen Stichen, Linien-, Füll-, Zähl- oder Zierstichen suchen muß.
Trotzdem möchte ich die Unterscheidung der verschiedenen Arbeitsweisen nicht vernachlässigen: Die Sticktechniken werden differenziert nach fadengebundenem, motivgebundenem und freiem Sticken.
Beim fadengebundenen Sticken werden die Stickstiche der Stoffstruktur angepaßt. Man arbeitet auf Gewebe, dessen Senkrecht- und Querfäden (Kett- und Schußfäden) gleicher Anzahl ein Quadrat ergeben. Da die Nadel zwischen den Fäden durchgeführt wird, stickt man mit einer stumpfen Spitze, um die Gewebefäden nicht zu teilen. In diese Stickkategorie fallen Ajour-, Assisi-, Bargello-, Filet-, Gobelin-, Hardanger-, Hohlsaum-, Kreuzstich- und Plattstichstickerei.
Bei dem motivgebundenen Sticken richtet man sich nach dem vorhandenen, auf dem Stoff vorgedruckten oder vorgewebten Motiv und stickt es aus. Für Ungeübte ist das motivgebundene Sticken eine gute Anfangsübung, um Stoff und Garn kennenzulernen.
Als freies Sticken bezeichnet man die Nadelarbeit auf einem nicht zählbaren Stoff. Dabei kann es sich um flauschigen Frottee oder feinsten Satin handeln. Das Motiv wird mit verschiedenen Hilfsmitteln auf den Stoff übertragen und ausgestickt. Bei dieser Art der Stickerei wird mit einer spitzen Nadel gearbeitet, um problemlos an den gewünschten Linien aus- und einstechen zu können. Nadelmalerei, Schatten-, Loch- und Richelieustickerei sind dem freien Sticken zuzuordnen.
So wie die Stickarten in verschiedene Bereiche unterteilt sind, lassen sich die Sticharten ebenfalls unterschiedlichen Kategorien zuordnen. Es gibt Linienstiche, Füllstiche, Zierstiche, geknotete, geschlungene, gekettete und gezählte Stiche.
Einige Stiche (z.B. der Schling- oder Langettenstich) werden bei verschiedenen Stickarten trotz gleicher Handhabung mit unterschiedlichen Namen belegt. Für diesen Fall ist das Stichwortverzeichnis zu Rate zu ziehen.
Damit Sie sich eine Vorstellung von den verschiedenen Stickarten und Stickstichen machen können, ist jeweils mindestens ein Musterstück abgebildet. Und um damit nicht den Schlußpunkt zu setzen, finden Sie zu den Beispielen eine ausführliche Beschreibung der Vorgehensweise.
Auch wenn Sie in einer Stickart ein anderes als das vorgestellte Motiv zum ersten Mal arbeiten möchten, können Sie sich grundsätzlich an der vorhandenen Arbeitsanweisung orientieren.
Ich hoffe, mit diesem Nachschlagewerk noch mehr Stickfans zu gewinnen und wünsche Ihnen viel Spaß mit Ihren Handarbeiten.

Ihre Gabriele Jepsen

Richelieu-Decke, Jahrhundertwende

1.2 Kleine Einführung in die Geschichte des Stickens

Die Geschichte des Stickens ist eng verbunden mit der des Stoffes und der Nadel, den Grundmaterialien, die zum Sticken erforderlich sind.
Gedanklich müssen wir uns in die Steinzeit versetzen, also ein paar zehntausend Jahre zurück. So alt sind nachweislich Knochensplitter, die bei Ausgrabungen entdeckt wurden. Diese Splitter haben die Form einer Ahle und sind mit einem Loch durchbohrt. Leider ist nicht mehr genau nachzuvollziehen, was mit diesen Nadeln gearbeitet wur-

de. Aber auf alten Felsmalereien ist zu erkennen, daß Frauen schon in der Steinzeit Röcke trugen. Folglich muß es schon ein nähbares Gewebe gegeben haben, wahrscheinlich aus Pflanzenfasern. Weitere Funde sind, über die ganze Welt verstreut, entdeckt worden: In Skandinavien fand man Stoffreste, die 2500 Jahre alt sind; die Sumerer webten schon vor 3000 Jahren; im alten Ägypten wurde im 4. bis 3. Jahrhundert vor Christus feines Linnen hergestellt; die chinesische Seidenweberei ist nachweisbar 1000 Jahre vor Christus schon praktiziert worden; die Assyrer und Babylonier schmückten ihre Herrscher- und Priestergewänder mit reichhaltigen Buntstickereien, wie auch die Pharaonen im alten Ägypten; die Frauen Griechenlands trugen um 500 vor Christus buntbestickte Leinengewänder. So alt wie die Kunst des Webens ist, so alt dürfte auch die Kunst des Stickens sein. Erst in den Jahrhunderten nach Christus entwickelte sich das Sticken langsam zu einer Volkskunst.
Zur Verbreitung trugen wesentlich die Klöster bei. In Stickschulen unterrichteten Nonnen junge Mädchen. Dort wurden hauptsächlich von der Kirche genutzte Stoffe bestickt.
Im 16. Jahrhundert zogen gestickte Arbeiten allmählich zum täglichen Gebrauch in die Bürgerhäuser ein. Zum einen „erstickten" sich Frauen des einfachen Volkes einen Teil des Lebensunterhaltes, zum anderen gehörte es auch für gehobene Schichten zum guten Ton, feine Handarbeiten herzustellen. Es war Brauch, daß die Tochter des Hauses die besten Stücke ihrer Aussteuer in mühseliger Arbeit selbst herstellte.
Die Akkuratesse und die Reichhaltigkeit dieser Stickereien versetzen uns im Zeitalter der unzähligen Freizeitbeschäftigungen, des Fernsehens und der Industrialisierung in ehrfürchtiges Erstaunen.
Stickmaschinen wurden bereits Mitte des 19. Jahrhunderts erfunden, aber ein geübtes Auge erkennt den Unterschied zwischen Handarbeit und maschinell hergestellten Stickereien. Mit diesen Maschinen lassen sich nicht alle Sticharten nachmachen, und ausnahmsweise ist nicht die Maschinenarbeit, sondern die gute Handarbeit perfekter in der Ausführung.

Wenn wir heute sticken, führen wir den gleichen Arbeitsgang aus, den ein Ägypter schon vor sechs Jahrtausenden in dieser Art ebenso arbeitete. So möchte ich das Sticken als eine der ursprünglichsten der noch ausgeübten Handarbeiten bezeichnen.

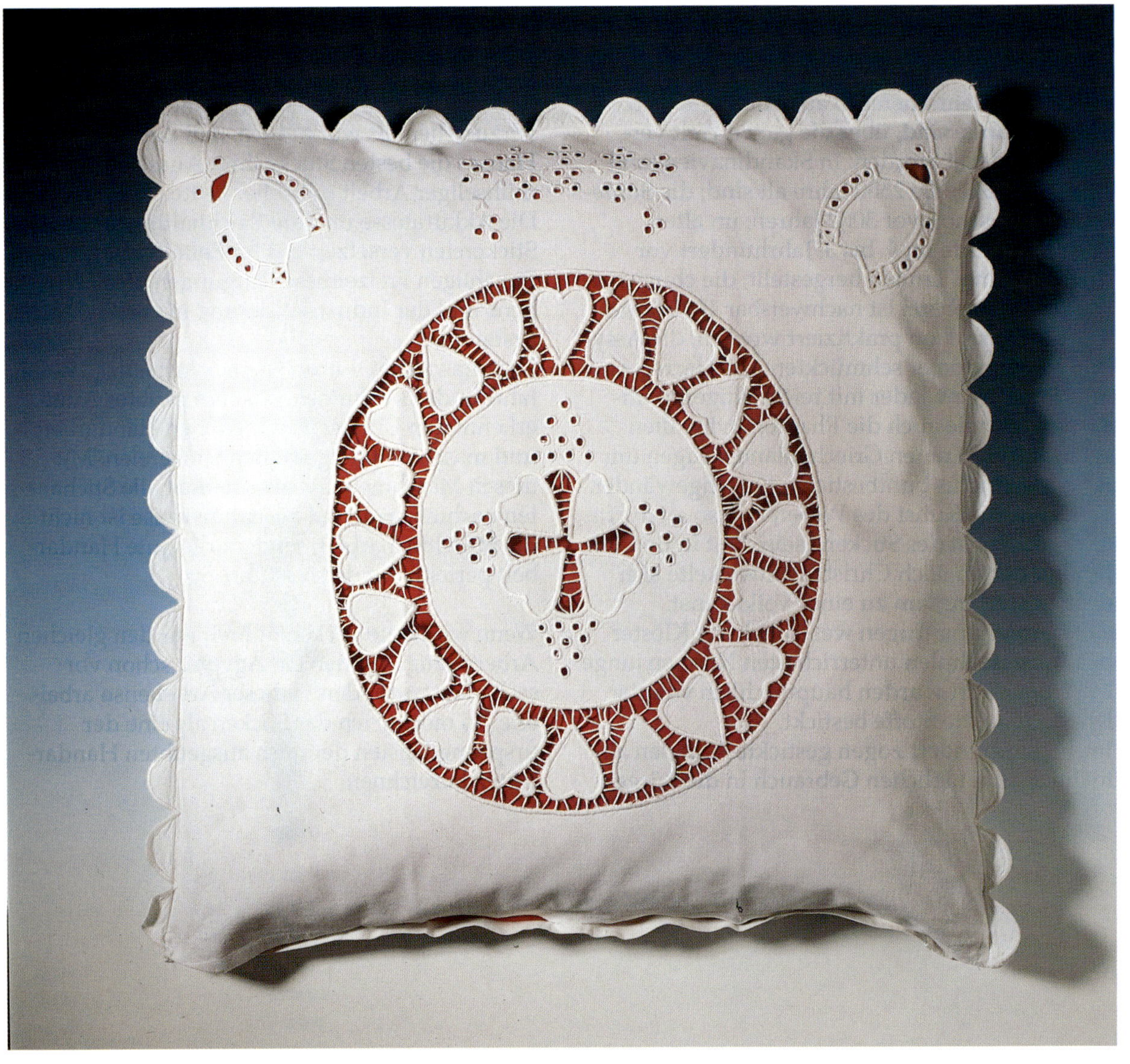

Paradekissen, ca. 1900

2. MATERIALIEN UND ZUBEHÖR

2.1 Garne

Für die unterschiedlichen Sticktechniken werden verschiedene Garne benutzt: Kelim- oder Tapisseriewolle, Sudanwolle, Sticktwist, Vierfach-Stickgarn, Perlgarn und Mattstickgarn.
Wollgarne (100% Schurwolle) werden meistens zum Sticken auf Stramin genutzt. Der Arbeitsfaden darf dabei nicht zu lang sein. Wenn Sie ihn beim Sticken durch das verhältnismäßig starre Gewebe ziehen, dünnt der Faden aus.
Gute Wollgarne sind farbecht gefärbt. Werden sie auf Stoffen wie Wolle, Baumwolle, Halbleinen oder Synthetik gestickt, sind sie in einem

warmen Handbad zu waschen: zügig durchdrücken, nicht reiben, zerren oder wringen.
Nach dem Ausspülen sollte die Handarbeit am besten in saugfähige Tücher eingerollt und vorgetrocknet werden. Die Verwendung der Waschmaschine ist nicht zu empfehlen, weil die rotierende Trommelbewegung einen Scheuereffekt bewirkt, der zum Verfilzen der Schurwollgarne führen kann.
Die anderen aufgeführten Stickgarne sind aus Baumwolle, kochecht gefärbt.
Mit Ausnahme des Sticktwistes sind die Garne einfädig zu verwenden. Vierfach-Stickgarn ist in den Stärken 8, 12, 16, 20, 25, 30, 35 und 40 zu 30-m-Strängen erhältlich. Perlgarne sind in den Stärken 3, 5 und 8 zu 5 g, 10 g und 50 g zu kaufen und Mattstickgarn in Doggen mit 10 m Lauflänge.
Sticktwiste, erhältlich als 8-m-Stränge, sind sechsfach gezwirnt. Der Faden läßt sich teilen. Je geringer die Anzahl der Einzelfäden ist, desto feiner wirkt die Stickerei. Alle Baumwollgarne können im Schonwaschgang der Waschmaschine bei 95 °C gewaschen werden. Verwenden Sie ein Waschmittel ohne Bleichmittel und optischen Aufheller. Für die Wahl der Bügeltemperatur ist ausschließlich die Vorschrift des Stoffherstellers maßgebend. Um die Stickerei zu schonen, wird aber empfohlen, von links auf weichem Grund zu dämpfen.

2.2 Stoffe

Die Stoffe lassen sich in drei große Kategorien einteilen: Zählstoffe, glatte Stoffe und Stramine. Erhältlich sind sie in den verschiedensten Varianten: Weiß und farbig, Naturfasern, Mischgewebe und Synthetik, grob und fein. Da das Angebot beinahe unüberschaubar ist, finden Sie die Bezeichnungen der geeignetsten Stoffe unter den Materialangaben der verschiedenen Stickarten.

2.3 Nadeln

Auch die richtige Nadel ist wichtig für das Gelingen einer Stickarbeit. Ist sie zu dick, wird unter Umständen der Stoff verletzt. Ist sie zu dünn, paßt der Faden nicht durch das Nadelöhr. Aus der Tabelle auf Seite 13 können Sie die richtigen Stärken ersehen. Arbeiten Sie auf einem Zählstoff, nehmen Sie eine Nadel ohne Spitze, bei einem glatten Gewebe verwenden Sie eine Nadel mit Spitze.

2.4 Stickrahmen

Stickrahmen sind in zwei Ausführungen erhältlich. Eckige Rahmen (Gobelinrahmen) benutzt man für Straminarbeiten. Sie bestehen aus vier verstellbaren Leisten, die zusammengeschraubt werden. Das Gewebe wird oben und unten an eingearbeitete feste Rollen- oder Rahmenbänder geheftet. Die Seiten des Stramins werden mit Klebeband umlegt, damit der Stickfaden nicht an den starren Fäden hängenbleibt. Abschließend werden die abgeklebten Kanten mit Bindfäden an die Seitenhölzer geschnürt.
Runde Stickrahmen verwendet man zum Spannen von flexiblen Stoffen. Sie bestehen aus zwei Ringen, die ineinander passen. Der Stoff wird so über den inneren Reifen gelegt, daß der Fadenverlauf gerade ist. Der äußere Ring ist durch eine Verstellschraube einstellbar und wird passend über Stoff und inneren Rahmen gelegt.
Beide Rahmentypen gibt es in verschiedenen Ausführungen: Handrahmen, Sitzrahmen, Tischrahmen oder große Standrahmen.

Verwendung	**Garne und Nadeln**			
	Beschreibung	Sticknadel	Technik	Stoffe
Perlgarn 3	starkes Perlgarn mit Glanz	Nr. 18	Filetstickerei Ziersticke,	schweres (Halb)leinen, Filetnetz, Aida
Perlgarn 5	mittleres Perlgarn mit Glanz	Nr. 19/20/21	Zierstiche, Durchbrucharbeiten aller Art, Schattenstickerei	Siebleinen, Sternaida, Halbleinen, Panamastoff
Perlgarn 8	feines Perlgarn mit Glanz	Nr. 21/22	wie Perlgarn Nr. 5	Siebleinen, Schülertuch, feine Stoffe
Sticktwist	sechsfach gezwirntes Stickgarn mit Glanz, teilbar	1 u. 2fäd.=Nr. 24, 3fäd.=Nr. 23, 4- u. 5fäd.=Nr. 22, 6fäd.=Nr. 20	Zierstiche, Nadelmalerei, Schattenstickerei, Tüllstickerei, Petit Point, Hohlnahtstickerei	Organdy, Voile, Leinenbatist, Schülertuch, Feinaida, Sternaida, Siebleinen, Canevas, Tüll, Müllergaze, Seide
Mattstickgarn	mittelstarkes mattes Stickgarn	Nr. 18	Gobelin, Kreuzstich, Füllstiche, grobe Durchbrüche	mittl./starkes Leinen, Halbleinen, Camilla, Aida, Nessel
Vierfach-Stickgarn 8 bis 40 weiß	rundes Stickgarn mit Glanz	Nr. 19-24	Weißstickerei, Tüllstickerei, Durchbruch, Schattenstickerei	(Halb)leinen, Siebleinen, Tüll Leinenbatist, Voile
Vierfach-Stickgarn 8 bis 25 bunt	rundes Stickgarn mit Glanz	Nr.19-24	Zierstiche, Kreuzstich	(Halb)leinen, Siebleinen, Schülertuch
Kelim-Wolle	feine Stickwolle	Nr. 16-18	Gobelin, Kreuzstich	Stramine, Aida, (Halb)leinen
Sudan-Wolle	starke Stickwolle	Nr. 1	Grobstickerei	Herta, Demo, Jutegewebe

3. STICKARTEN UND MOTIVE

3.1 Ajourstickerei

Die Ajourstickerei, auch unter den Namen Siebleinen- oder Schweizer Zugstickerei bekannt, ist eine fadengebundene Durchbrucharbeit. Das bedeutet, daß mit einem gleichmäßig gewebten Zählstoff gearbeitet wird und daß sogenannte Durchbrüche (Unterbrechungen des Stoffes) den Reiz dieser Stickerei ausmachen.
Die Effekte, die der einer Lochstickerei ähneln, entstehen nicht durch das Ausschneiden oder Ausziehen von Fäden, sondern durch das feste Anziehen des Stickfadens. Der Stoff muß zu diesem Zweck sehr locker gewebt sein.
Viele Stickstiche sind anwendbar und geben der Handarbeit ein spitzenähnliches Aussehen. Linienstiche, wie beispielsweise der Vorstich, können nicht benutzt werden, weil sie die Gewebestruktur nicht verändern.
Vielfach wird Ajourstickerei mit Weißstickerei, bzw. Plattstichen kombiniert, was ein sehr reizvolles Stickbild ergibt. Mit ein bißchen Übung und Sorgfalt beim Anziehen des Arbeitsfadens lassen sich anmutige Stickarbeiten schaffen, an denen man lange Freude hat.
Als „doppelte Ajourstickerei" werden Arbeiten bezeichnet, die von der rechten und der linken Seite zu benutzen sind (z.B. Fensterbilder).

Anwendungsmöglichkeiten

Decken, Läufer, Kissenbezüge, Sets, Mitteldecken, Taschentücher, Fensterbilder, Einsatzarbeiten, feine Wäschestücke wie Blusen oder Taufkleider.

Arbeitsmaterial

Ajourstickerei wird traditionell auf Siebleinen (auch Gras- oder Käseleinen genannt) gearbeitet, das in verschiedenen Stärken angeboten wird: Dublin (100% Leinen, 5 Farben von Weiß bis Natur) hat 100 Fäden per 10 cm, Cork (100% Leinen, 4 Farbtöne von Weiß bis Beige) ist mit 75 Fäden per 10 cm gröber. Möchten Sie mit farbigem Stoff arbeiten, bietet sich der etwas elegantere Lugana (52% Baumwolle / 48% Viskose) mit 100 Fäden per 10 cm an. Benutzen Sie für diese Stickerei eine stumpfe Nadel, Sticktwist, gezwirntes Vierfachgarn oder Perlgarn und immer einen Rahmen. Grundsätzlich gilt: Die Stärke des Arbeitsfadens sollte der eines Stoffgewebefadens entsprechen.

Sticharten

Kreuzstich, Wickelstich, Sternstich, Zickzackstich (auch Maschenstich), Schlingstich (auch Langettenstich), Hexenstich, Hohlnahtstich, Kästchenstich, Spannstich, Waffelstich.
Für die Randabschlüsse: Hohlsaum, Türkischer Stich, Kästchenstich, Langettenstich.

Ausführung

Da das Gewebe sich durch das Anziehen des Arbeitsfadens verzieht, muß in einem Stickrahmen gearbeitet werden. Das Gewebe soll sich verziehen, aber gleichmäßig!
Vorlagen für Ajourstickereien sind entweder Schemazeichnungen, Textanweisungen oder Bügelmuster. Bei Arbeitsstücken mit rein linearer Arbeitsrichtung können Sie auch problemlos selbst Muster erfinden, indem Sie die genannten Stickstiche anwenden und kombinieren.
Beginnen Sie Ihre Ajourstickerei grundsätzlich in der Mitte, und arbeiten Sie die Hauptlinien des Musters zu den Seiten hin. Das erfordert ein genaues Auszählen der Fäden. Richten Sie sich bei Ihrem Motiv nach der entsprechenden Schemazeichnung oder Textanweisung. Durch die erforderliche lockere Webung des Stoffes scheinen die Fadenenden durch. Deshalb müssen die Fäden sorgfältig auf der Rückseite vernäht werden, sozusagen unsichtbar.

Pflege

Behandeln Sie Ihre Ajourstickerei sehr vorsichtig, damit sich das Gewebe nicht nachträglich verzieht. Entweder waschen Sie es mit der Hand oder – falls vorhanden – im Wollsiegelwaschgang Ihrer Waschmaschine. Bei der Temperaturwahl richten Sie sich nach den Angaben des Stoffherstellers. Anschließend bringen Sie das Wäschestück in Form und lassen es auf einem Handtuch trocknen. Wenn Sie lange Freude an Ihrer Handarbeit haben möchten, sollten Sie sie niemals schleudern. Bügeln Sie sie von der linken Seite, solange das Gewebe noch ein wenig feucht ist.

3.1.1 Ajour-Decke

Wie diese Decke zeigt, ist Ajourstickerei nicht unbedingt eine geradlinige Abzählstickerei. Natürlich lassen sich durch die Kombination verschiedenster Stickstiche die schönsten geraden Linien erstellen, doch mit Hilfe eines Bügelmusters entstehen sogar geschwungene Linien und ein anmutiger, eleganter Charakter. Die entstandenen Gewebelöcher deuten auf eine aufwendige Locharbeit, doch im Vergleich zur Loch- oder Richelieustickerei ist die Ajourstickerei wesentlich einfacher zu arbeiten.

Kurzum: Eleganz mit verhältnismäßig einfacher Arbeitstechnik, allerdings auf gröberem Stoff. Sie benötigen für dieses Deckchen 45 x 45 cm Dublin-Siebleinen, 3 Stränge weißes Vierfach-Stickgarn Nr. 20 (MEZ Nr. 1, DMC B 5200), Transparent- oder Seidenpapier und einen Bügelmusterstift.
Nach dem Zuschnitt des Stoffes sollte der Rand mit Zickzackstichen gesichert werden. Siebleinen muß locker gewebt sein, um das gewollte Verziehen des Gewebes möglich zu machen. Ist

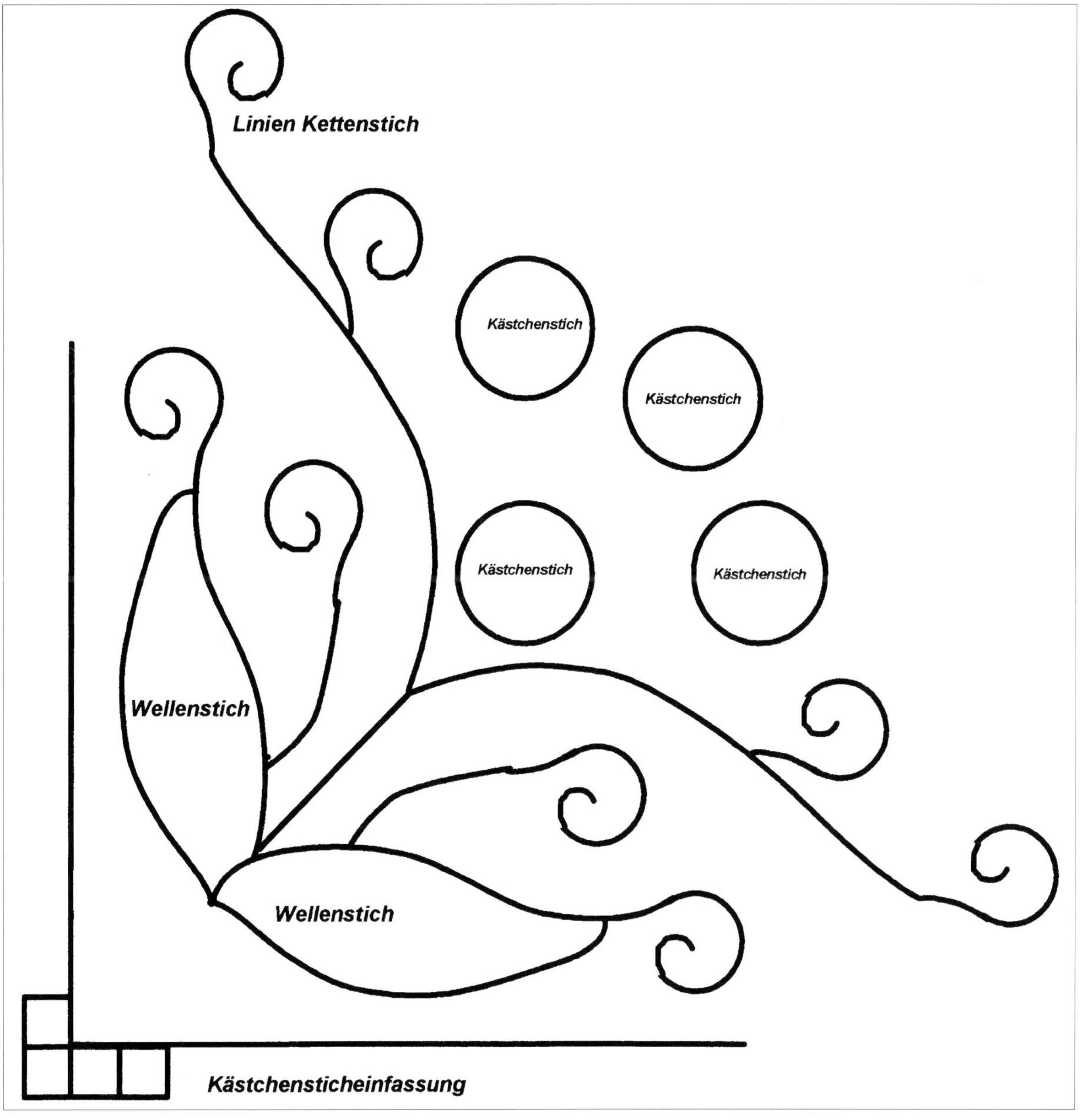

der Rand nicht umsäumt, lösen sich beim Arbeiten der Mittelmotive sehr leicht die Fäden an den Kanten.

Legen Sie Ihr Transparent- oder Seidenpapier auf die abgebildete Musterzeichnung, und zeichnen Sie die Linien mit einem Bügelmusterstift (Fachhandel) nach. Mit Stecknadeln werden auf dem Stoff fadengenau die Eckpunkte bestimmt. Nun übertragen Sie das Bügelmuster mit Hilfe eines Bügeleisens auf den Stoff. Vermeiden Sie ein Hin- und Herfahren des Eisens, damit die Zeichnung nicht verwischt.

Nun kann mit dem Sticken begonnen werden. Zuerst sticken Sie alle Konturen mit Kettenstichen nach.

Die Innenteile der Blätter werden mit abgewandelten Waffelstichen (siehe Kapitel „Stickstiche") ausgefüllt:

Führen Sie die Nadel zwei Fäden nach rechts und vier Fäden nach unten, und stechen Sie über vier Fäden waagerecht nach links aus. Nun zwei Fäden nach oben, über vier Fäden zurückstechen und nach links vier Fäden waagerecht ausstechen. Diese Schritte werden wiederholt.

Die Kreise werden mit Kästchenstichen über drei Stoffäden im Quadrat ausgearbeitet.
Nach Fertigstellung der inneren Muster wird der Saum befestigt. Verwenden Sie wieder den Kästchenstich, diesmal aber über 4 x 4 Gewebefäden. Der Saum wird nach links eingelegt und in Verbindung mit dem Kästchenstich festgenäht.

3.2 Assisi-Stickerei

Die Assisi-Stickerei hat ihren Ursprung in der gleichnamigen Stadt Italiens, der Geburtsstätte des heiligen Franz von Assisi. Dort wurde diese Technik der Kreuzstich-Negativstickerei vor allem für kirchliche Gewänder, Altartücher u. ä. angewandt.
Außerhalb des kirchlichen Bereichs setzte man diese Handarbeit für Kleidungsstücke und Möbelbezüge ein. Es handelt sich um eine rustikale Stickerei mit einem ganz besonderen Reiz, denn durch die traditionell schwarze Konturierung erscheinen die Farben der Motive sehr kräftig.
Die Muster sind durch ihre Kontraste interessant. Die ursprünglichen Tiermotive können fast als abstrakt bezeichnet werden. Sie sind zumindest immer sehr schlicht und vereinfacht. Andererseits sind sie kombiniert mit verschnörkelten, altmodisch erscheinenden Konturstrichen. Der passende Bezug zu den Tiermotiven fehlt, so meint man.
Doch durch den Zählstoff, der Voraussetzung für diese Art der Stickerei ist, haben die geschwungenen Linien ebenfalls an eine gewisse „Eckigkeit". So paßt das Zusammenspiel der Formen trotzdem und ergibt ein wirklich interessantes, kontrastreiches Stickbild.
Heute sieht man als Motivfarben auch Grün, Gelb oder Rosa, anstatt der ursprünglichen Farben Rost und Blau. Unverändert aber ist die Wahl der warmen Farbtöne, des weißen Stoffes und der schwarzen Konturierung.

Anwendungsmöglichkeiten
Tischwäsche, Einsatzarbeiten, Kleidungsstücke, Broschen, Bezüge, Borten.

Arbeitsmaterial
Voraussetzung ist, wie bei Kreuzsticharbeiten üblich, ein Zählstoff, dessen Senkrecht- und Querfäden gleicher Anzahl ein Quadrat ergeben. Die traditionelle Grundfarbe Weiß sollte nicht verändert werden, denn so wird der Kontrast zwischen Stoff und Stickgarn am deutlichsten. Als Stickgrund empfiehlt sich Bellana (52% Baumwolle/48% Viskose, 80 Fäden per 10 cm), Lugana (52% Baumwolle/48% Viskose, 100 Fäden per 10 cm) oder Linda Schülertuch (100% Baumwolle, 107 Fäden per 10 cm).
Benutzen Sie eine stumpfe Sticknadel und Sticktwist oder vorzugsweise Perlgarn (bei einem Stoff mit 100 Fäden per 10 cm = Perlgarn Nr. 8).

Sticharten
Kreuzstich, Holbeinstich.

Ausführung
Wie schon erwähnt, ist die Assisi-Stickerei eine negative Kreuzsticharbeit, d.h. es wird nicht das Motiv ausgestickt, sondern der Hintergrund. Das Motiv wird freigelassen. Es läßt sich also jedes einfarbige Kreuzstichmotiv umsetzen.
Typisch für die Assisi-Stickerei sind geometrische Muster sowie Tier- und speziell Vogelmotive.
Als Vorlage dient eine Stickschrift. Jedes ausgefüllte Kästchen des Rasters entspricht einem Kreuzstich. Im ersten Arbeitsgang werden die Holbeinstiche gestickt, oder zumindest die

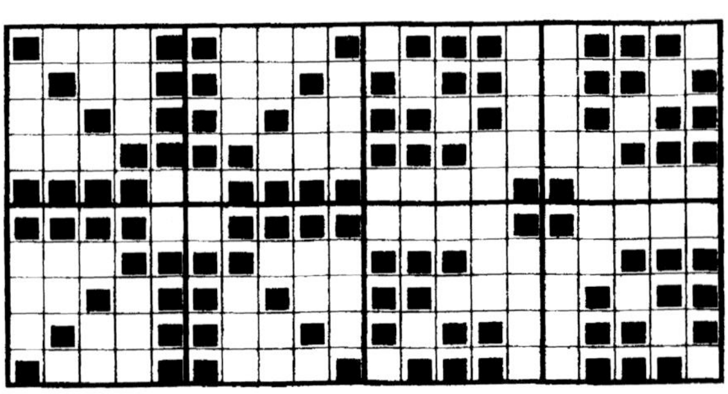

Vergleich: Kreuzstich-Assisi

Umrandungen der Motive, und erst im zweiten Arbeitsgang die Kreuzstiche.

Pflege
Als Kreuzsticharbeit ist die Assisi-Stickerei nicht so empfindlich wie manche anderen Nadelarbeiten. Waschen Sie sie aber trotzdem in einem Säckchen (oder Kissenbezug), und bügeln Sie sie von der linken Seite.

3.2.1 Assisi-Decke

Diese Decke im Assisi-Stil zeigt die typischen Kontraste: Das Gesamtbild des Stickeinsatzes wird durch geometrische, klare Linien bestimmt, und der Schwan wirkt sehr abstrakt, andererseits sind innerhalb des Musters Verschnörkelungen zu sehen.

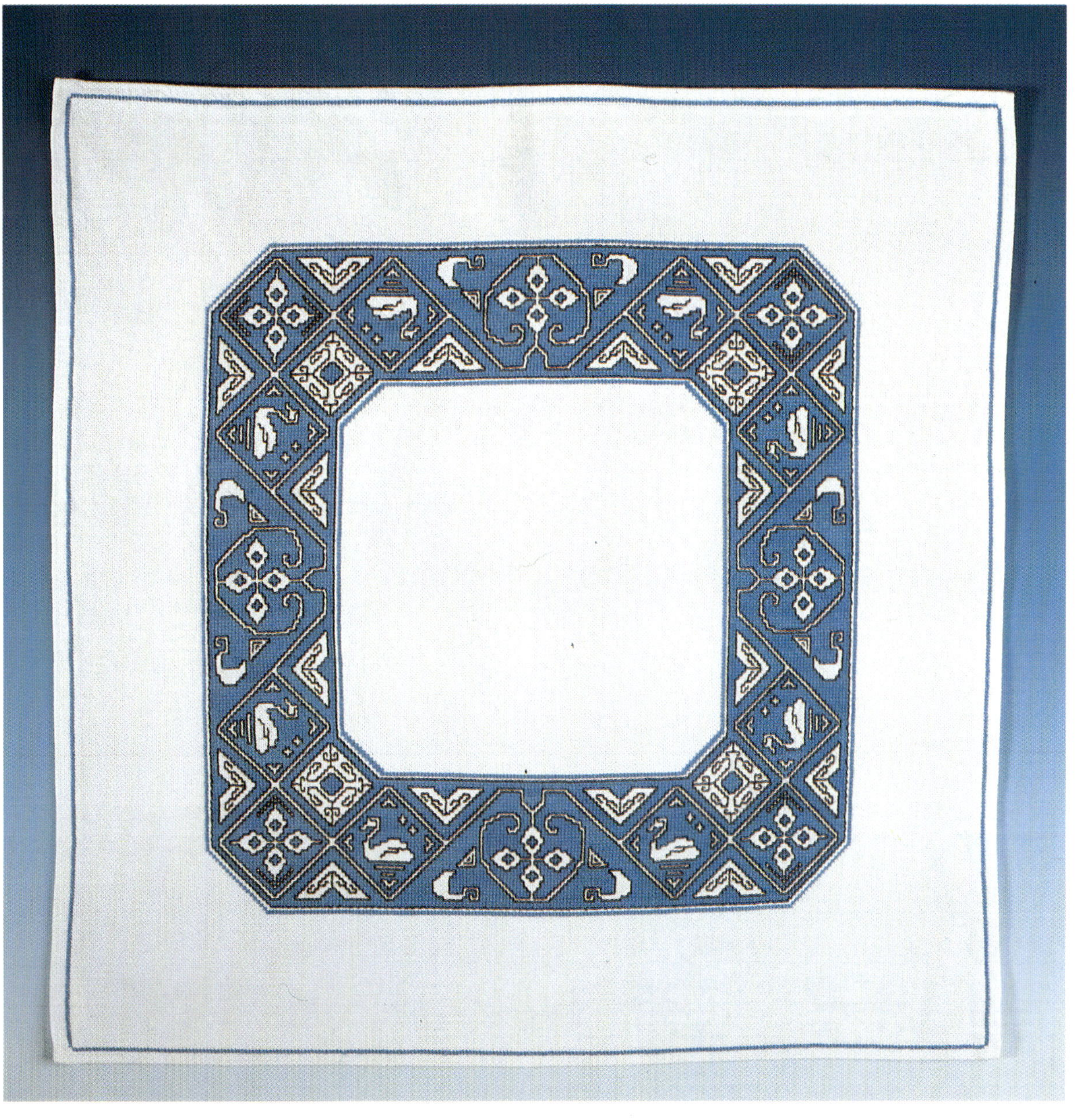

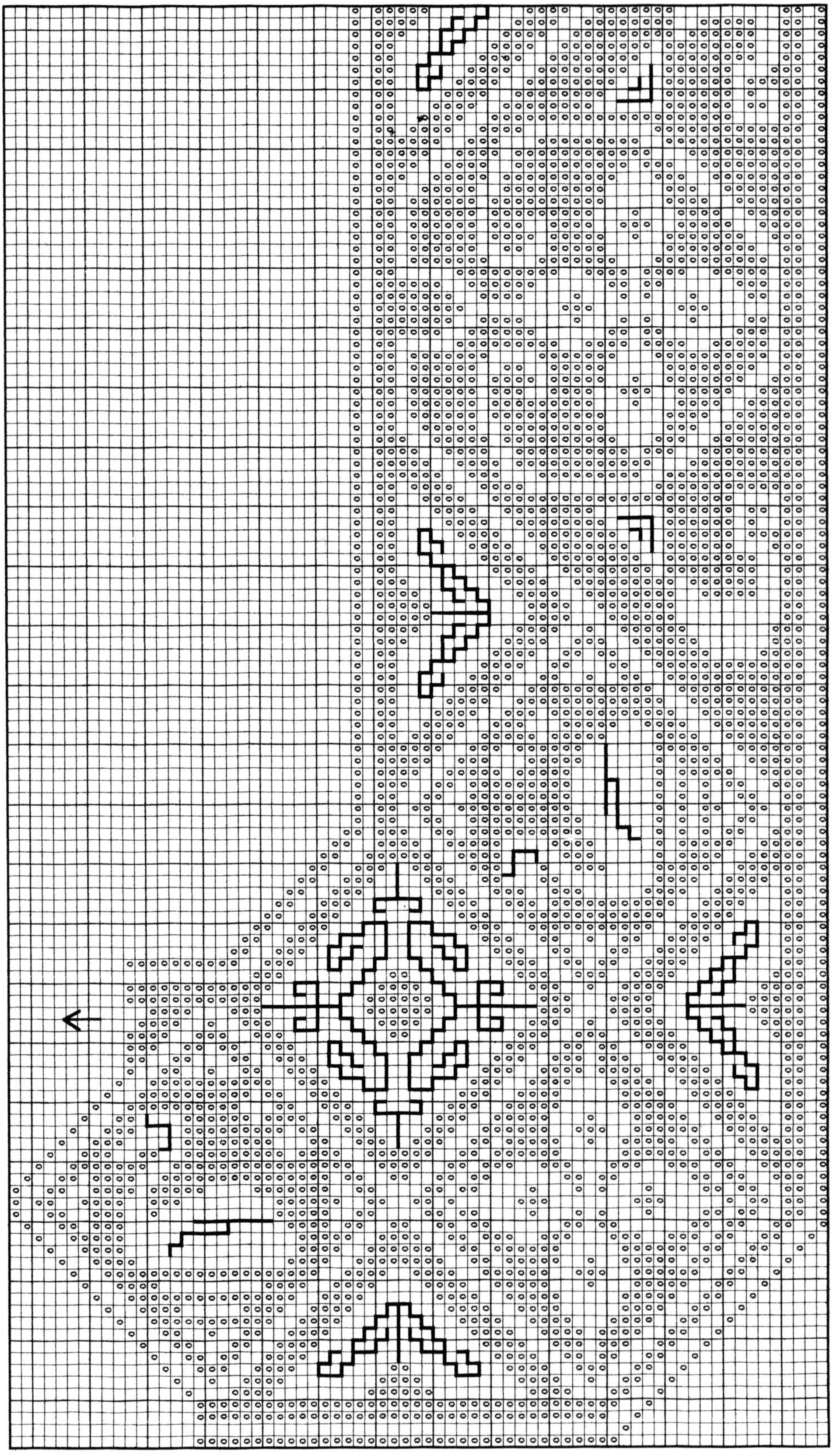

Stickschrift Assisi-Decke

Assisi-Musterecke

Gestickt wurde auf 55 x 55 cm Lugana 100 mit Perlgarn Nr. 8 in Blau (MEZ Nr. 146/DMC 798) und Schwarz (MEZ Nr. 403/DMC 310).
Wenn Sie möchten, können Sie die Kanten mit der Nähmaschine umsäumen. Der Stoff ist verhältnismäßig fest gewebt. Ermitteln Sie durch Auszählen der Fäden die erste Einstichstelle. Nun arbeiten Sie nach Stickschrift den Holbeinstich in Schwarz und den Kreuzstich in Blau über 2 x 2 Gewebefäden. Ein Rasterkästchen der Anleitung entspricht einem Gewebequadrat von 2 x 2 Fäden, jeder Kreis einem Kreuzstich. Aus übersichtlichen Gründen sind in der Stickschrift nur die Holbeinstiche durch eine dicke Linie markiert, die außerhalb der Kreuzstiche liegen. Jede Kreuzstichkante, die zu einer freigelassenen Stofffläche zeigt, wird ebenfalls mit dem Holbeinstich umlegt. Ausnahme: die abschließenden inneren und äußeren Kreuzstichreihen.
Ich empfehle, die Umrandungen in Schwarz im Steppstich zu sticken. Diese Abweichung vom traditionellen Holbeinstich ermöglicht ein saubereres Stickbild. Bei verschnörkelten Linien erweist sich der Holbeinstich als nicht so eckig, doch gerade Linien lassen sich mit dem Steppstich wesentlich gleichmäßiger erarbeiten.
Zum Abschluß werden die Säume umgelegt und mit weißem Perlgarn Nr. 8 (MEZ Nr. 1/DMC blanc 5200) und einem Vorstich befestigt. Um einen Bezug zum Mittelteil herzustellen, sticken Sie rundherum eine Kreuzstichreihe in Blau und befestigen damit zusätzlich die Kanten.

3.2.2 Assisi-Musterecke

Um auch der zweiten, traditionellen Assisi-Farbe gerecht zu werden, möchte ich Ihnen ein rostbraunes Muster vorstellen, das sich sehr schön in die Ecken einer Mitteldecke plazieren läßt.
Geometrische Assisi-Motive eignen sich hervorragend als Tischwäschenstickerei. Im Fachhandel erhältlich sind zahlreiche Decken- und Damaststoffe mit vorgewebten, zu bestickenden Einsätzen. Wird das Assisi-Motiv genau eingepaßt, sind diese Arbeiten wahre Prunkstücke.
Gearbeitet wurde auf weißem Davosa mit Perlgarn Nr. 5 in Braun (MEZ Nr. 883/DMC 3064) und Perlgarn Nr. 8 in Schwarz (MEZ Nr. 403/ DMC 310).
Sticken Sie als erstes die Holbeinstiche in Schwarz und darauffolgend die Kreuzstiche in Braun über 2 x 2 Gewebefäden. In der Stickschrift sind aus übersichtlichen Gründen wiederum nur die Holbeinstiche markiert (dicke Linien), die außerhalb der Kreuzstiche liegen. Jede Kreuzstichkante, die zu einem freigelassenen Stoffteil zeigt, wird mit Holbeinstichen eingefaßt.
Ein Kästchen des Stickstichrasters entspricht 2 x 2 Gewebefäden, jedes Kreuz einem Kreuzstich.

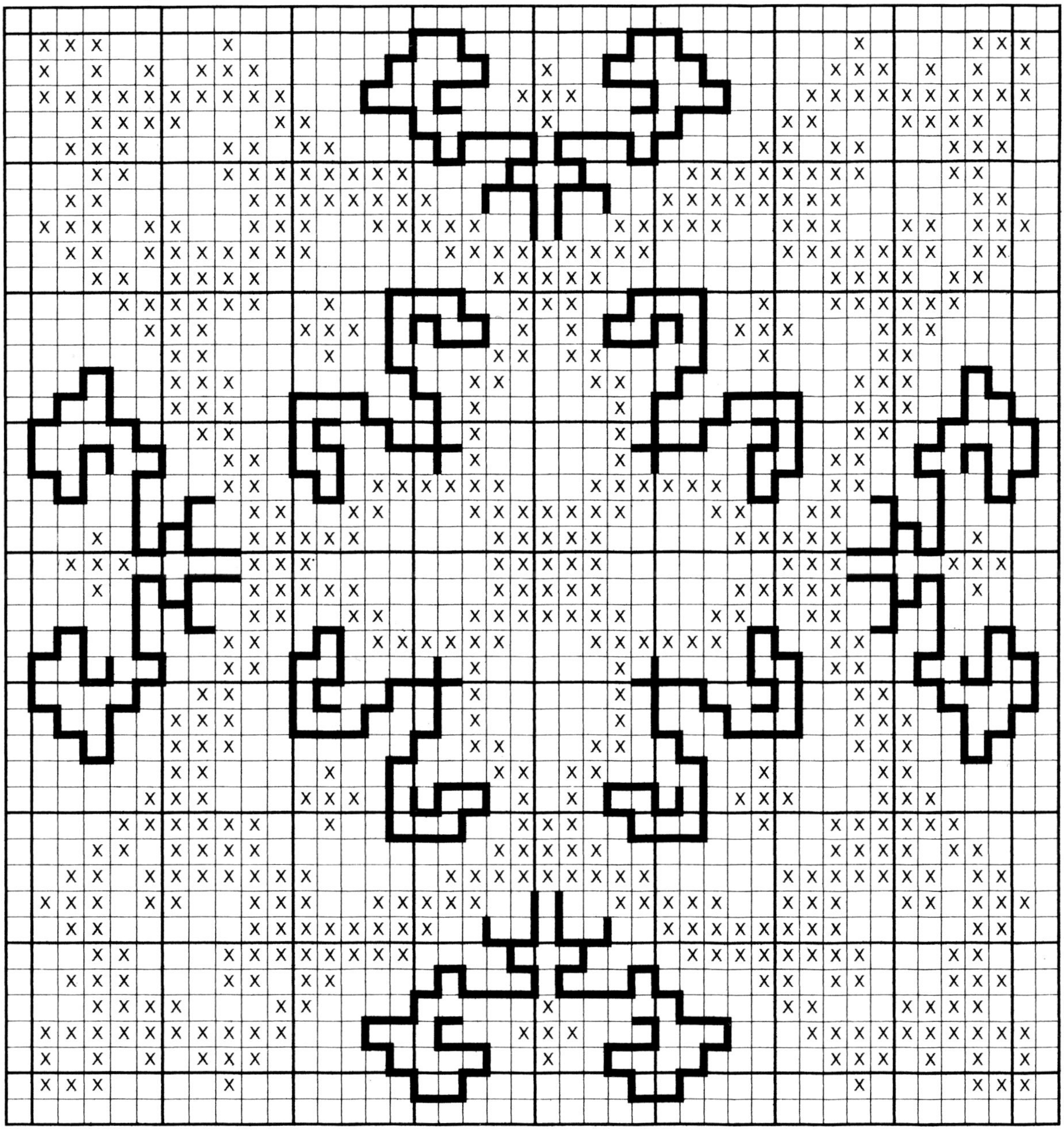

Stickschrift Assisi-Musterecke

3.3 Bargello

Bargello (oder Florentiner Stickerei, Flammenstickerei, Ungarische Stickerei) gehört als Art der Gobelinstickerei in die Gruppe der Straminarbeiten.
Schon im 13. Jahrhundert fanden Stickerinnen heraus, daß Straminstickerei eine der schnellsten Möglichkeiten ist, große Flächen zu bedecken. Varianten sind erst seit dem 16./17. Jahrhundert bekannt.
Die Ursprünge der Bargello-Stickerei lassen sich nicht genau bestimmen. In England entstand die Bezeichnung „Florentiner Stickerei“, die auf eine italienische Herkunft hinweist.
Der Name „Ungarische Stickerei“ zeigt in Richtung Ungarn. Angeblich hat Elisabeth von Ungarn diese Stickereiart erfunden.
Anderen Erzählungen zufolge hat eine ungarische Prinzessin einen Herrn aus der Medici-Familie geheiratet und diese Handarbeit bei den Damen des Florentiner Hofes eingeführt. Die Anhänger dieser Theorie verweisen auf das im 13. Jahrhundert erbaute Gerichtsgebäude „Palazzo del Bargello“, das 1859 zum Kunstmuseum „Museo Nazionale del Bargello“ umfunktioniert wurde.
Um den Vermutungen ein Ende zu machen: Bargello ist eine Sticktechnik, bei der fast ausschließlich mit dem Plattstich gearbeitet wird. Es wird mit unterschiedlichen Stichlängen über meistens vier bis sechs Gewebefäden gestickt.
Durch eine geschickte Anordnung und sehr kontrastive Farben können Muster mit großer Tiefe entstehen (Granatapfel-Muster, Romanisches Muster). Dunkle Farbflächen, eingebettet von hellen Umrandungen, wirken wie tiefe Löcher. Im Gegensatz zur üblichen Gobelinstickerei sind durch die verhältnismäßig großen Stiche nur ornamentale Muster und keine komplizierten figürlichen Darstellungen möglich.

Anwendungsmöglichkeiten

Bilder, Dosen-, Stuhl- und Schachtelbezüge, Kissenbezüge, Einsatzarbeiten.

Arbeitsmaterial

Wahlweise kann ein- oder zweifädiger Stramin und Kelim- oder Tapisseriewolle verwendet werden. Das Verhältnis zwischen Stramin und Garnstärke sollte genau stimmen, damit sich die Stiche nicht gegenseitig verdrängen bzw. der Stramin ganz verdeckt wird. Für Kelimwolle ist beispielsweise Stramin 44 bis 60 (Stiche auf 10cm) geeignet. Richten Sie sich ansonsten nach Ihrer Arbeitsbeschreibung.
Gestickt wird in einem Gobelinrahmen mit einer stumpfen Sticknadel.

Sticharten

Plattstich und Florentiner Stich (reihenweise versetzter Plattstich).

Ausführung

Wie bei allen Straminarbeiten sollten Sie einen Rahmen verwenden, damit sich das Gewebe nicht unnötig verzieht.
Beim Zuschnitt geben Sie reichlich Saumzugabe und befestigen die Schnittkanten mit Klebestreifen, damit der Rand nicht ausfranst und der Arbeitsfaden beim Sticken nicht an den scharfen Rändern hängenbleibt. Zu bedenken ist beim Zuschnitt außerdem, daß die fertige Arbeit gespannt werden muß, weil sie sich während des Stickens verzieht.
Bargello wird nach einem Strichtypenmuster gearbeitet, das in ein Raster eingezeichnet wird. Jede Rasterlinie entspricht einem Stramindoppel- bzw. Einfachfaden. Die Plattstiche werden wie vorgezeichnet über die entsprechende Anzahl Fäden nachgearbeitet. Da Stramin selbst wie ein Raster aussieht, lassen sich diese Arbeitsanleitungen sehr leicht nachvollziehen.
Nach Beendigung der Stickarbeit legen Sie das fertige Bild mit der rechten Seite nach unten auf eine Holzplatte oder einen alten Tisch (wegen eventueller Verschmutzungen Tuch darunterlegen). Zeichnen Sie sich die Umrisse Ihres Motivs genau auf. Nehmen Sie am besten zwei Seiten Ihres Spannbrettes zu Hilfe, das ergibt dann schon zwei Seiten im rechten Winkel. Nun nageln (Abstand ca. 0,5 cm) Sie den Stramin an und spannen ihn dabei kräftig. Mit einem Tuch oder Schwamm nässen (eventuell stärken) Sie Ihre Arbeit gründlich.
Lassen Sie sich nicht von eventuellen Rostflecken der Nägel erschrecken. Ist Ihre Arbeit trocken, wird der Straminsaumzuschlag vor dem Umlegen passend abgeschnitten.

Pflege
Bargello-Stickereien sollten entweder chemisch oder trocken gereinigt werden (Polsterschaumreinigungsmittel), um ein nachträgliches Verziehen des Stramins zu verhindern.

3.3.1 Bargello-Mustertuch

Heute werden kräftige Farbzusammenstellungen wie Orange, Tiefblau und Sonnengelb oder Lila, Hellgrün und Gelb im Wohnbereich selten eingesetzt. So habe ich mich entschieden, das Bargello-Beispiel mit etwas gedeckteren Farben zu arbeiten. Bevorzugen Sie kräftigere Farben, tauschen Sie die Garne bitte aus.

1	2	3
4	5	6
7	8	9

Auf diesem Mustertuch finden Sie neun grafische Varianten, die Sie in Wiederholung sehr schön für einen Kissenbezug nutzen können. Gestickt wurde auf Stramin 44 mit Kelimwolle oder Tapisseriegarn in den Farben Weiß (MEZ Nr. 8002, DMC blanc), Hellblau (MEZ Nr. 8712, DMC Nr. 7800), Hellgrün (MEZ Nr. 8874, DMC

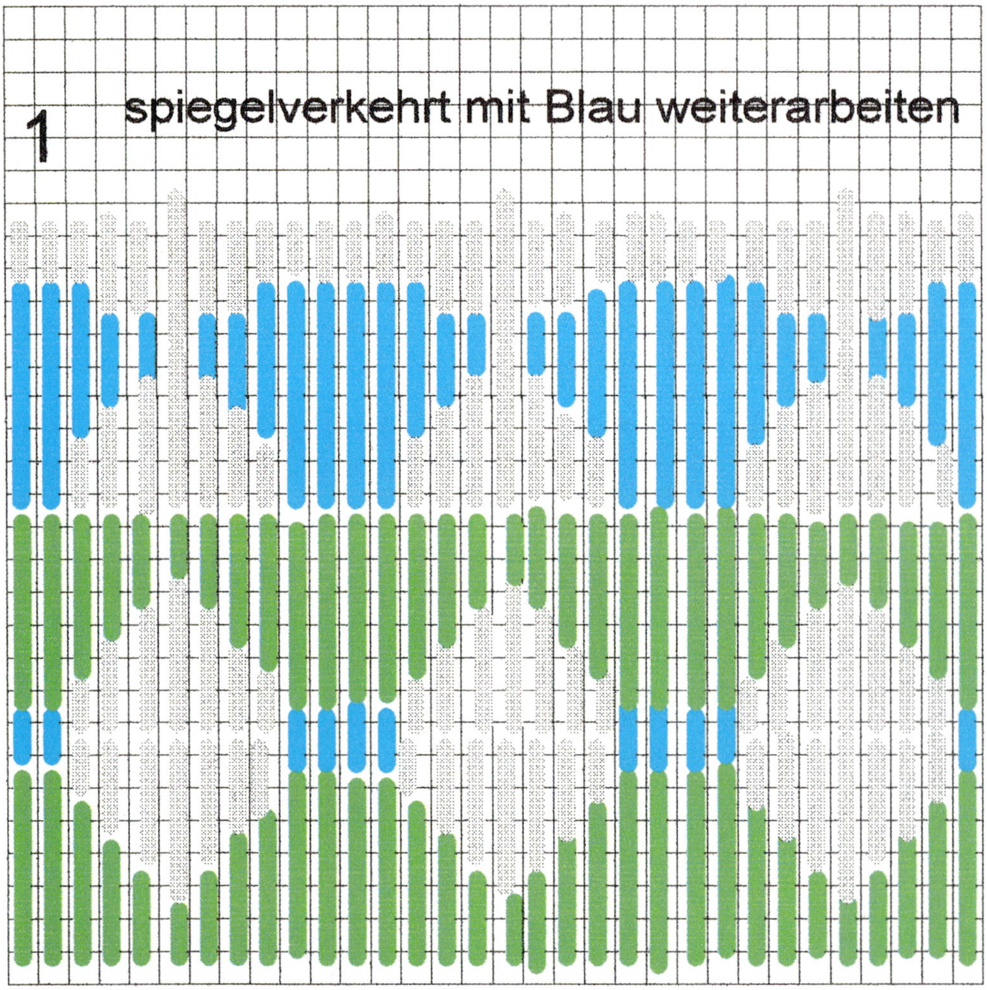
1
spiegelverkehrt mit Blau weiterarbeiten

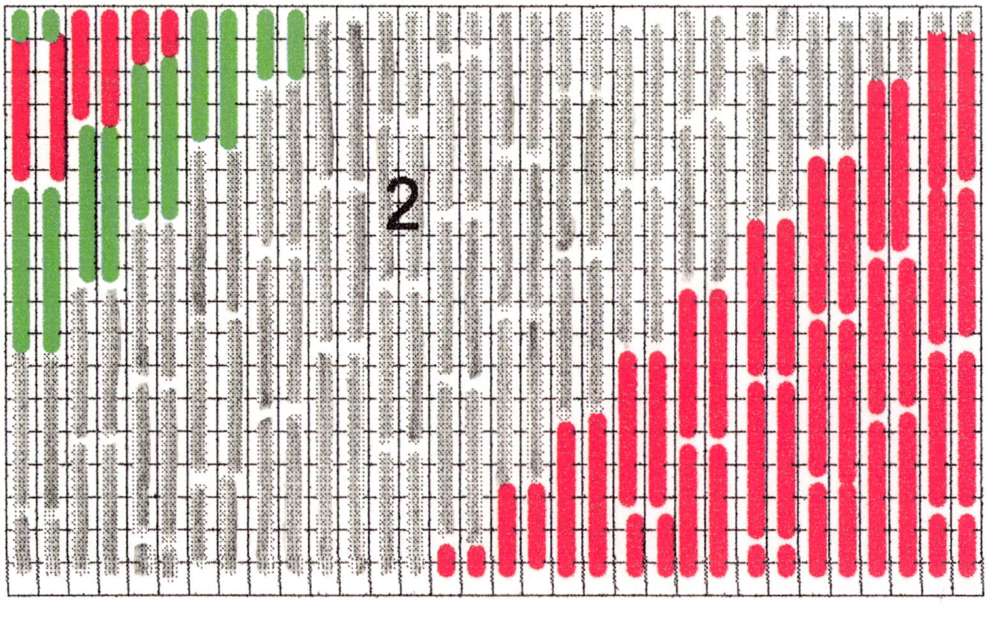
2

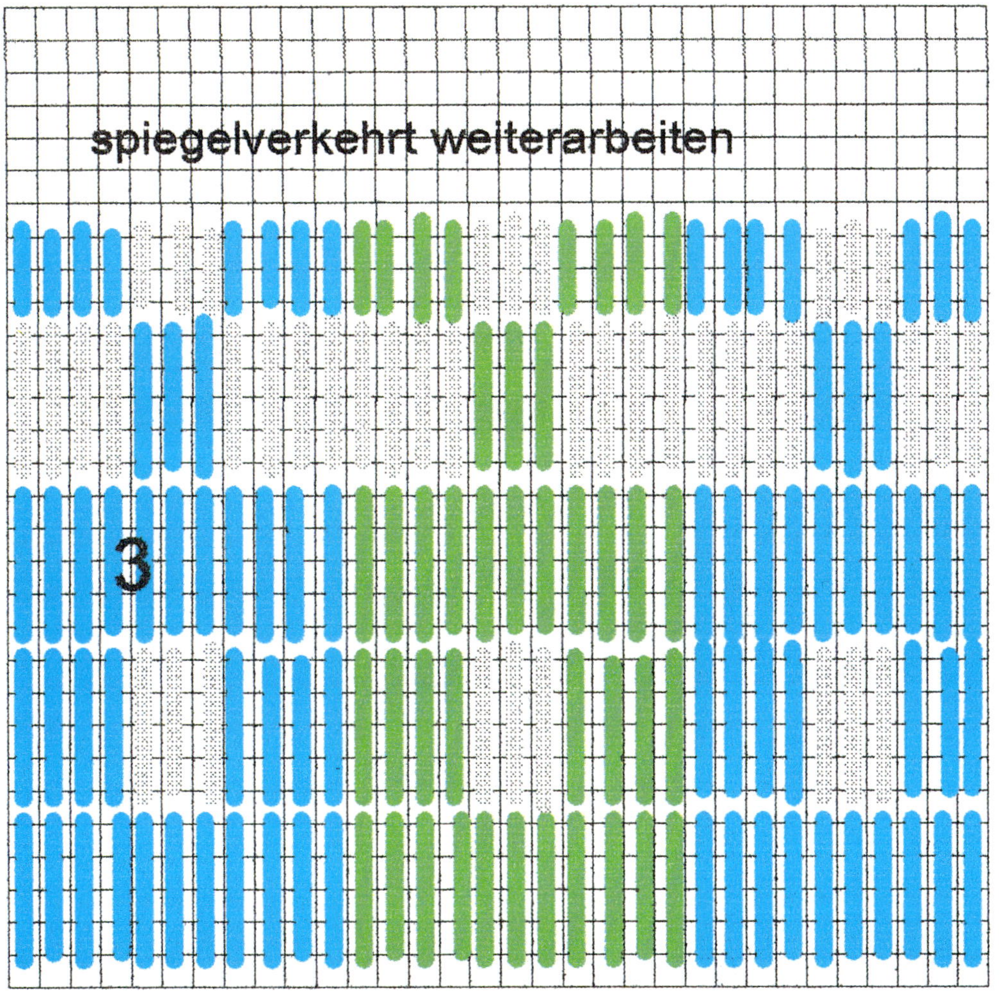
spiegelverkehrt weiterarbeiten
3

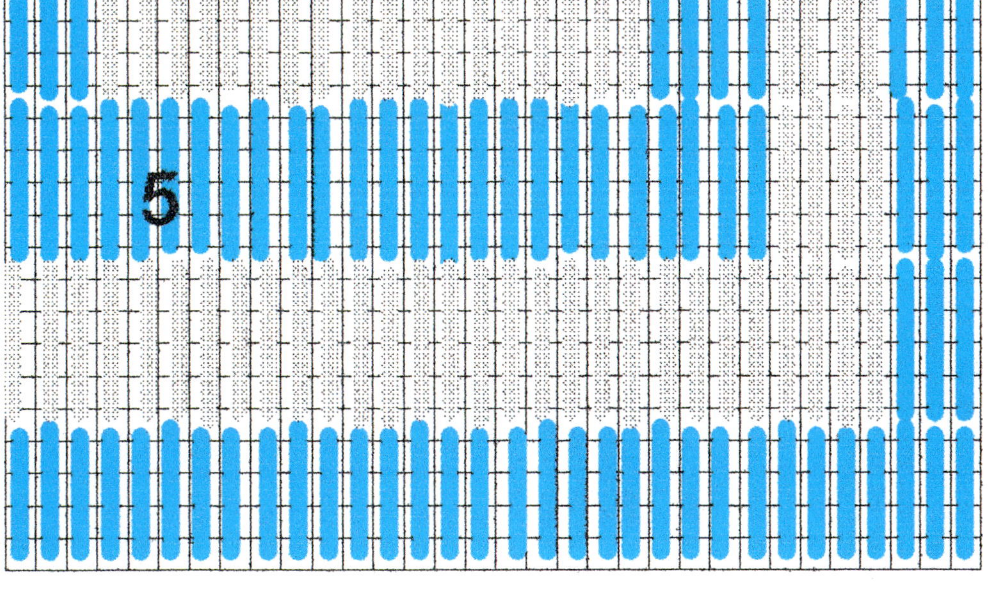
5

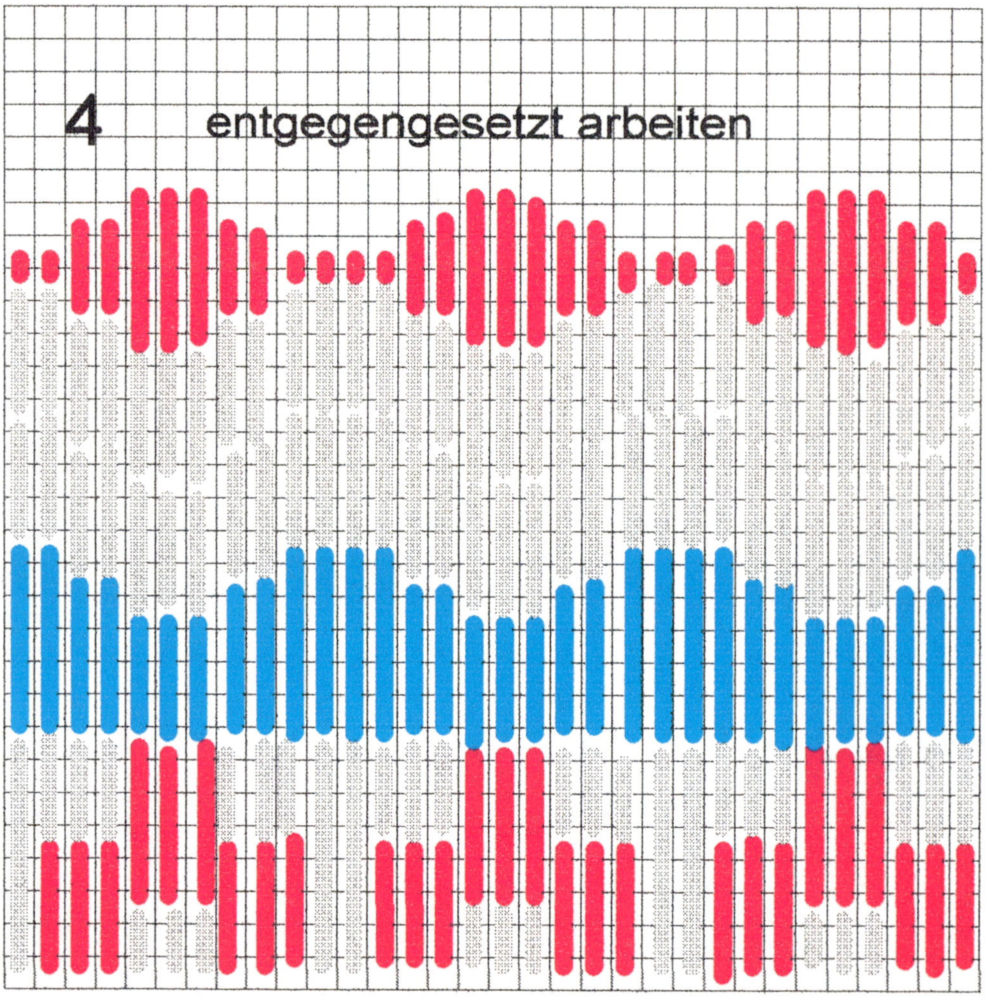
4
entgegengesetzt arbeiten

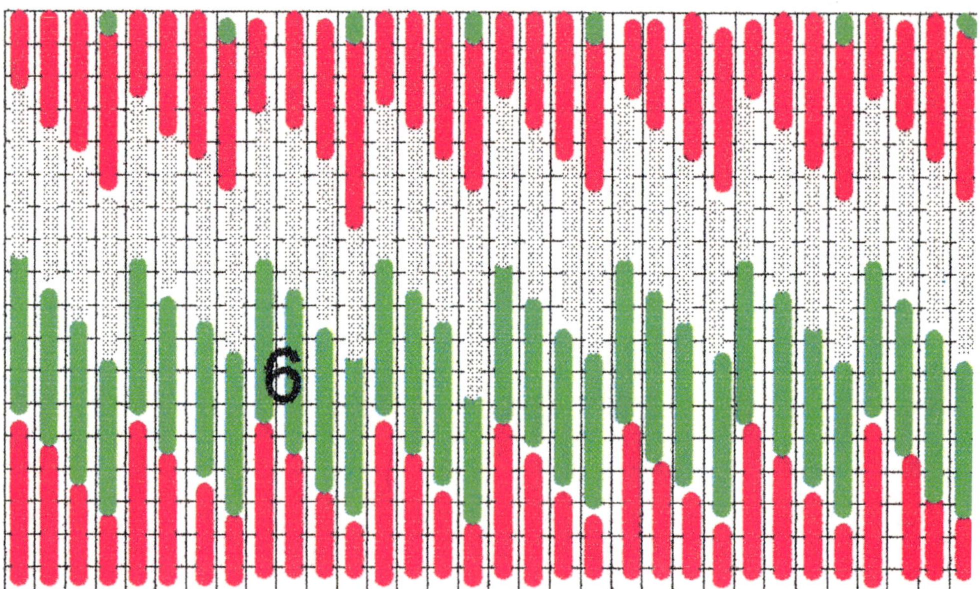
6

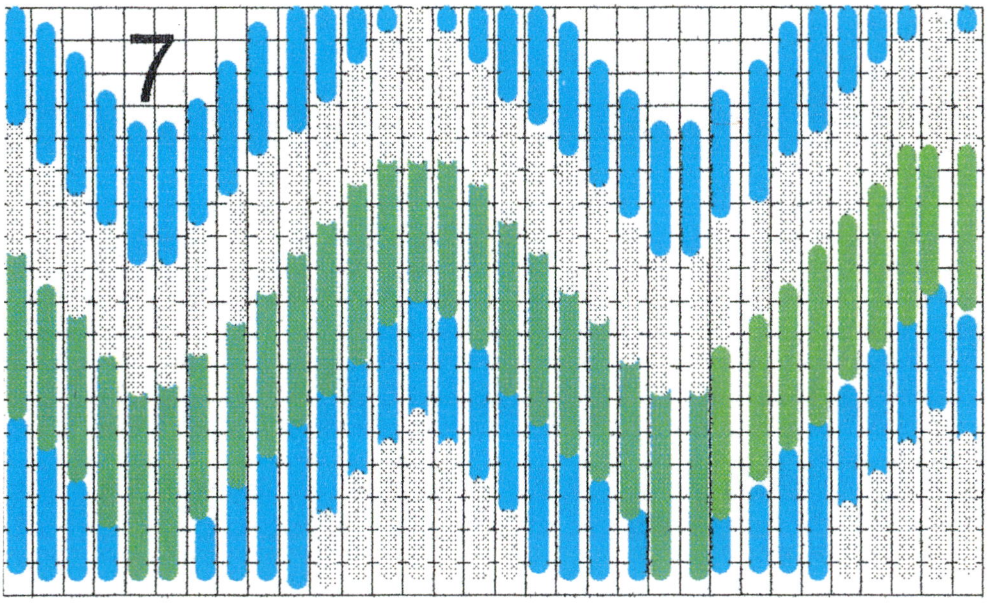
7

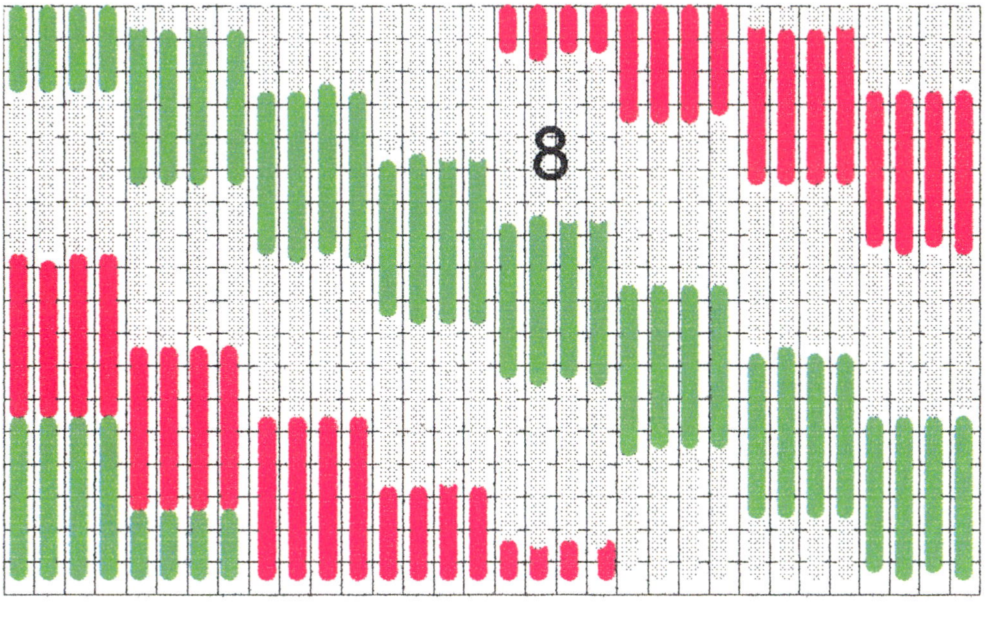
8

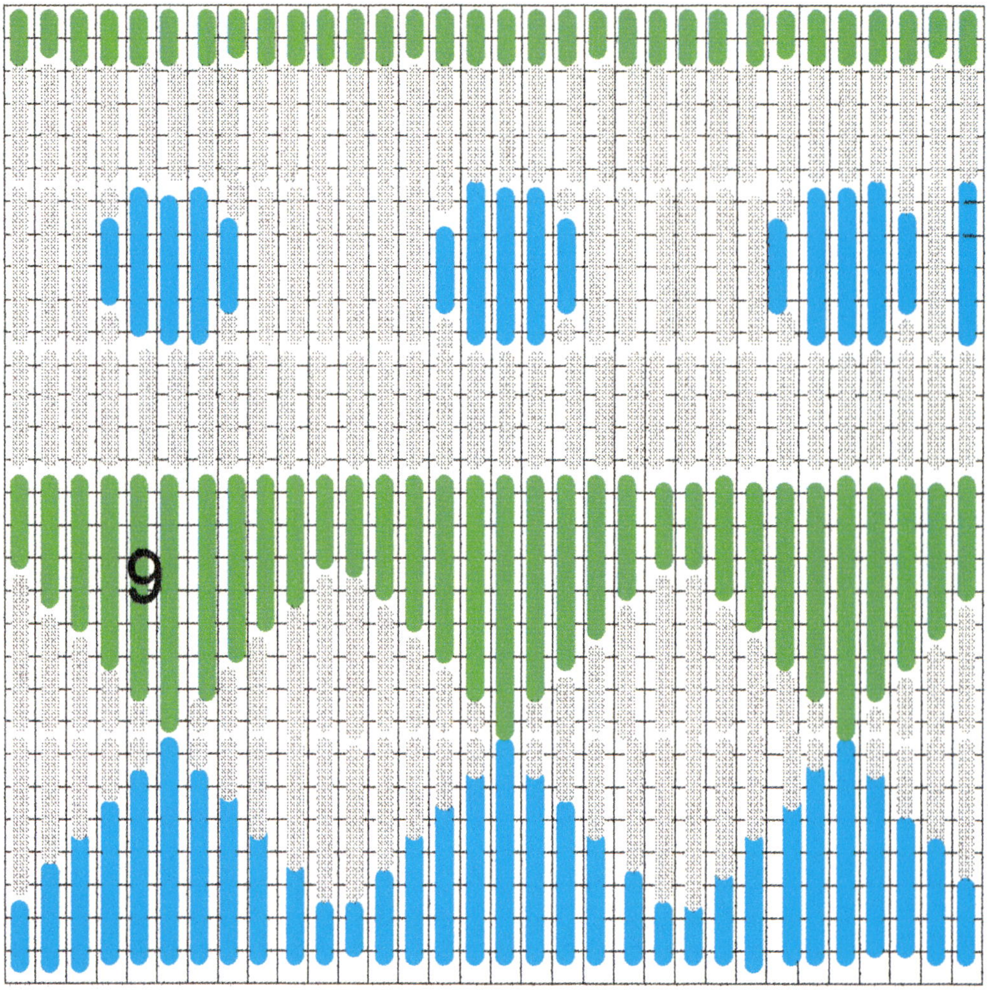

Nr. 7402) und Flieder (MEZ Nr. 8544, DMC Nr. 7241). Die Verwendung des 44er Stramins ist für Bargello gerade noch möglich.
Wählen Sie allerdings einen Mustersatz mit besonders kurzen oder langen Stichen, scheint das Gewebe schnell durch. Bei Verwendung von Stramin 56 (52) erhalten die abgebildeten Mustersätze Seitenlängen von 7,9 (8,5) cm.

Sticken Sie mit Plattstichen über jeweils die Anzahl Gewebefäden, die in der Stickschrift angegeben sind. Nach Beendigung der Nadelarbeit spannen Sie Ihren Stramin (siehe „Ausführung").
Ist die Arbeit getrocknet, legen Sie das Gewebe an den Seiten um und nähen diese Saumzuschläge von unten an Ihrer Handarbeit fest.

3.3.2 Bargello-Blume

Wie schon erwähnt, sind differenzierte Motive durch die großen Stickstiche nicht zu erarbeiten. Figürliche Darstellungen müssen stark abstrahiert werden, so wie bei dieser Bargello-Blume.

Gearbeitet wurde bei diesem Motiv mit Tapisseriegarn oder Kelimwolle in den Farben Weiß (MEZ Nr. 8002, DMC blanc), Flieder (MEZ Nr. 8544, DMC Nr. 7241), Dunkelblau (MEZ Nr. 8794, DMC

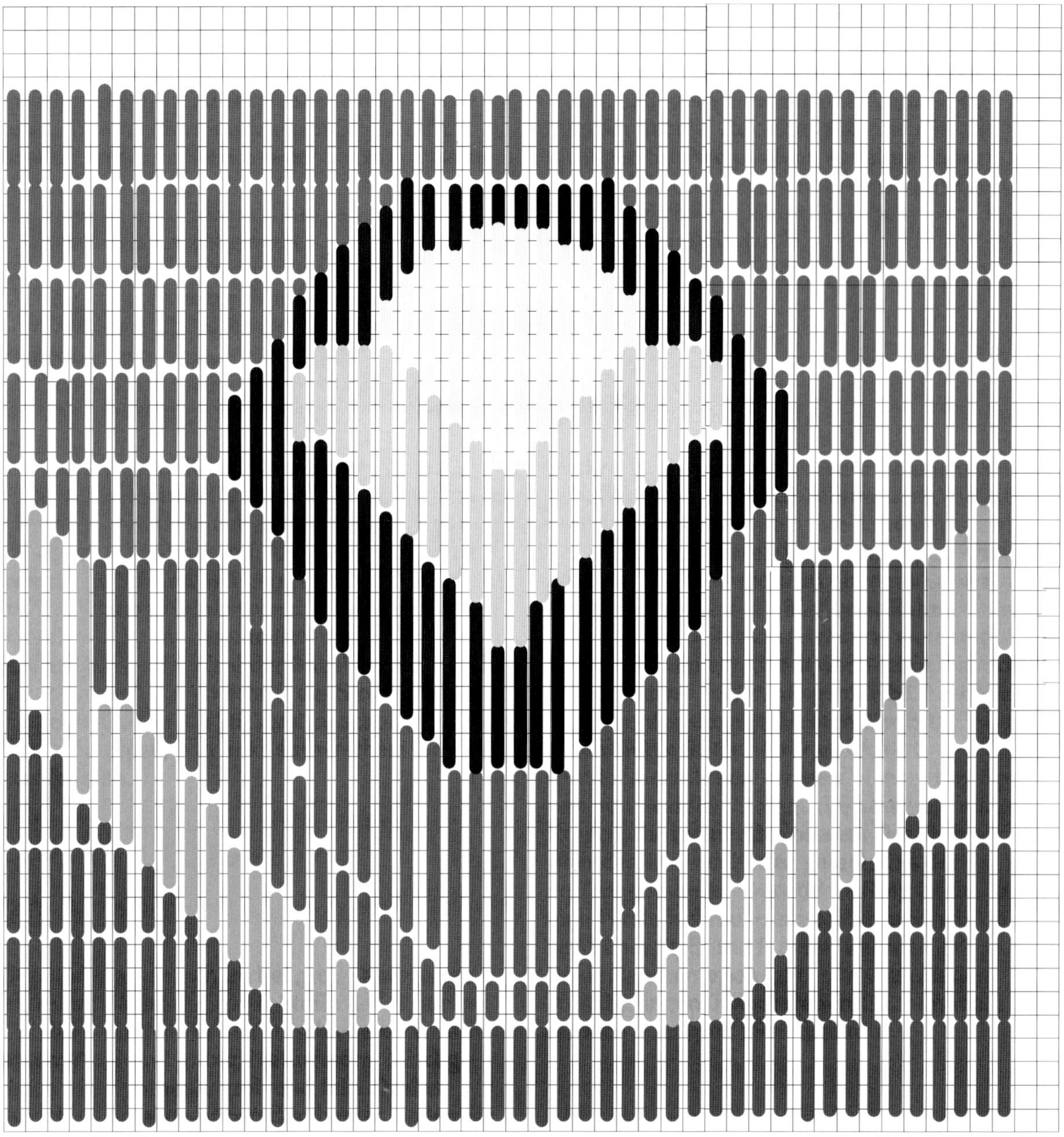

Nr. 7306), Hellblau (MEZ Nr. 8712, DMC Nr. 7301), Jeansblau (MEZ Nr. 8788, DMC Nr. 7314), Dunkelgrün (MEZ Nr. 8878, DMC Nr. 7927), Hellgrün (MEZ Nr. 8874, DMC Nr. 7322) und Lila (MEZ Nr. 8548, DMC Nr. 7228) auf Stramin 60. Sticken Sie die Plattstiche wie in der Stickschrift angegeben, und verfahren Sie dann wie unter „Ausführung“ beschrieben.

3.4 Filetstickerei

Filetstickerei ergibt ein ähnlich filigranes Bild wie Filethäkelei. Genau wie bei dieser kann auch ein Netzwerk gestickt werden (Filieren). Da aber heutzutage Gittergrund käuflich zu erwerben ist, ist eine Filetstickarbeit schneller fertiggestellt als eine Häkelarbeit. Ich erwähne diese Tatsache, weil es so selten vorkommt, daß eine Handarbeit gestickt schneller zu erarbeiten ist als mit einer anderen Technik.
Bei der Filetstickerei handelt es sich um eine Durchzugarbeit, die auf verhältnismäßig grobem Gewebe gestickt wird. Früher verwendete man ausschließlich Architektentüll. Die heutigen, modernen Gitterausführungen erleichtern die Arbeit entscheidend. Zu achten ist nur auf ein festes Material, da die Stickerei wegen der Durchsichtigkeit des Gewebes besonders sorgfältig ausgeführt werden muß. Ausnahme: Filetstickerei auf Tüll (Tüllstickerei).
Um gut sichtbare Muster zu erarbeiten, werden die Netzlöcher meistens, wie bei der Strumpfreparatur, mit Stopfstichen geschlossen.
Für luftige Muster können sehr viele Sticharten angewandt werden, und unzählige Varianten sind möglich. Da die Rückseite zu sehen ist, wirken die Stiche aber völlig anders als auf einem „normalen" Stoff.
Die Gestaltung von schwierigen Ornamenten aus Sternen, Blättern, Blüten usw. durch unterschiedliche Stickstiche heißt „Filet-Gipure-Technik". Für die einfachere Ausführung kann man jede einfarbige Kreuzstichvorlage oder auch Häkelschrift als Filetstickerei umsetzen. Man spricht auch von „Filet-Richelieu".

Anwendungsmöglichkeiten

Decken, Fensterbilder, Kissenbezüge, jegliche Art von Einsätzen, Gardinen.

Arbeitsmaterial

Gitterstoff mit regelmäßigem Netz, d.h. Senkrecht- und Querfäden gleicher Anzahl müssen ein Quadrat ergeben. Da Architektentüll recht umständlich zu handhaben ist (muß sehr straff gespannt werden), nimmt man modernen Ersatz in Anspruch.
Dreherstramin (weiß, 100% Baumwolle) in den Stärken 40, 48 und 56 Karos per 10 cm, Royal Canevas (100% Baumwolle mit 40, 46, 52 und 60 Karos per 10 cm) oder Filetnetz. Benutzen Sie einen Stickrahmen, und arbeiten Sie mit einer stumpfen Nadel. Weiterhin benötigen Sie Sticktwist, Perlgarn oder Baumwollhäkelgarn. Als Grundsatz gilt: Die Garnstärke muß der Stärke eines Gewebefadens entsprechen.

Sticharten

Sternstich, Wickelstich, Steppstich, Kettenstich, Hexenstich, Kreuznahtstich, Fliegenstich, Margeritenstich, Plattstich, Kreuzstich, Spannstich (Plattstich), Stielstich, Langettenstich, Zweigstich, Zackenstick, Stopfstich.

Ausführung

Vor dem Sticken muß das Gewebe gerade und möglichst straff in einen Stickrahmen eingespannt werden. Im Fachhandel sind sehr praktische, verstellbare Rahmen erhältlich, die aus vier Leisten bestehen.
Schmaler Gittergrund muß auf einen Stoffstreifen genäht werden, damit er in den Rahmen paßt.
Arbeitsanweisungen für die Filetstickerei sind zumeist Stickschriften mit dazugehörigen Textanweisungen.
Die Stickschriften bestehen aus einem Raster, das dem Netzwerk entspricht und zeigen den Verlauf, den der Arbeitsfaden nehmen muß.
Ist das Stickmotiv vollendet, wird der Rand des Netzwerkes üblicherweise mit Schlingstichen (Langettenstichen) gesichert. Nach Fertigstellung dieser Umrandung können die überstehenden Gewebefäden abgeschnitten werden.
Auch das Umschlagen eines Saumes und loses Festnähen ist möglich. Diese Methode sollte aber nur für Einsatzarbeiten genutzt werden. Bei einem offenliegenden Rand ist der Schlingstich die optisch schönere Lösung.

Pflege

Bei der Waschtemperatur richten Sie sich nach den Angaben des Stoffherstellers.
Sollten Sie auf Tüll sticken, waschen Sie ihn vor dem Sticken.
Verwenden Sie Stramin, reinigen Sie ihn entweder trocken mit einem Polsterreinigungs-

Filetarbeit mit filiertem Netz, ca. 1900

schaum oder weichen Sie die Stickerei ein. Die Arbeiten dürfen nicht geschleudert oder gewrungen werden. Bringen Sie sie vorsichtig in Form, und trocknen Sie sie auf einem Handtuch, oder spannen Sie das Gewebe.

3.4.1 Filet-Deckchen

Dieses Tuch läßt sich schön als kleines Deckchen verwenden oder als Einsatzarbeit in einer Tischdecke. Auf einem dunklen Möbelstück oder einer farbigen Unterdecke kommt das Muster am besten zur Geltung. Sie benötigen 25 x 25 cm Dreherstramin 40 und Sticktwist in Weiß (MEZ Nr. 1 / DMC blanc 5200).
Fertigmaß: 18,5 x 18,5 cm.

Dreherstramin ist ein sehr festes Material, doch zwecks einfacherer Handhabung sollten Sie einen Stickrahmen benutzen. Wie bei Gobelinarbeiten sind die Ränder des Gewebes mit einem Klebestreifen zu sichern, damit beim Sticken der Arbeitsfaden nicht hinterhakt.
Beginnen Sie mit der inneren Umrandung. Der Faden (sechsfädig) wird nach Anleitung durch

die einzelnen Gewebelöcher gezogen. Der Fadenanfang wird so lang gelassen, daß er im nachhinein gut unter den Linienstichen zu vernähen ist. Aus den vier Ecken heraus arbeiten Sie sechs Steppstiche zur Mitte hin. Am Ende der entstandenen Steppstichlinie werden acht Plattstiche pfeilartig angeordnet.
Befestigt wurde der Saum dieses Deckchens mit Schling- oder Langettenstichen. Erst wenn die gesamte Umrahmung vollendet ist, nehmen Sie Ihre Stickerei aus dem Rahmen und schneiden vorsichtig den überstehenden Rand ab. Dazu sollten Sie eine spitze Handarbeitsschere benutzen, denn es ist sehr ärgerlich, wenn der Stickrand in diesem Stadium der Arbeit beschädigt wird.

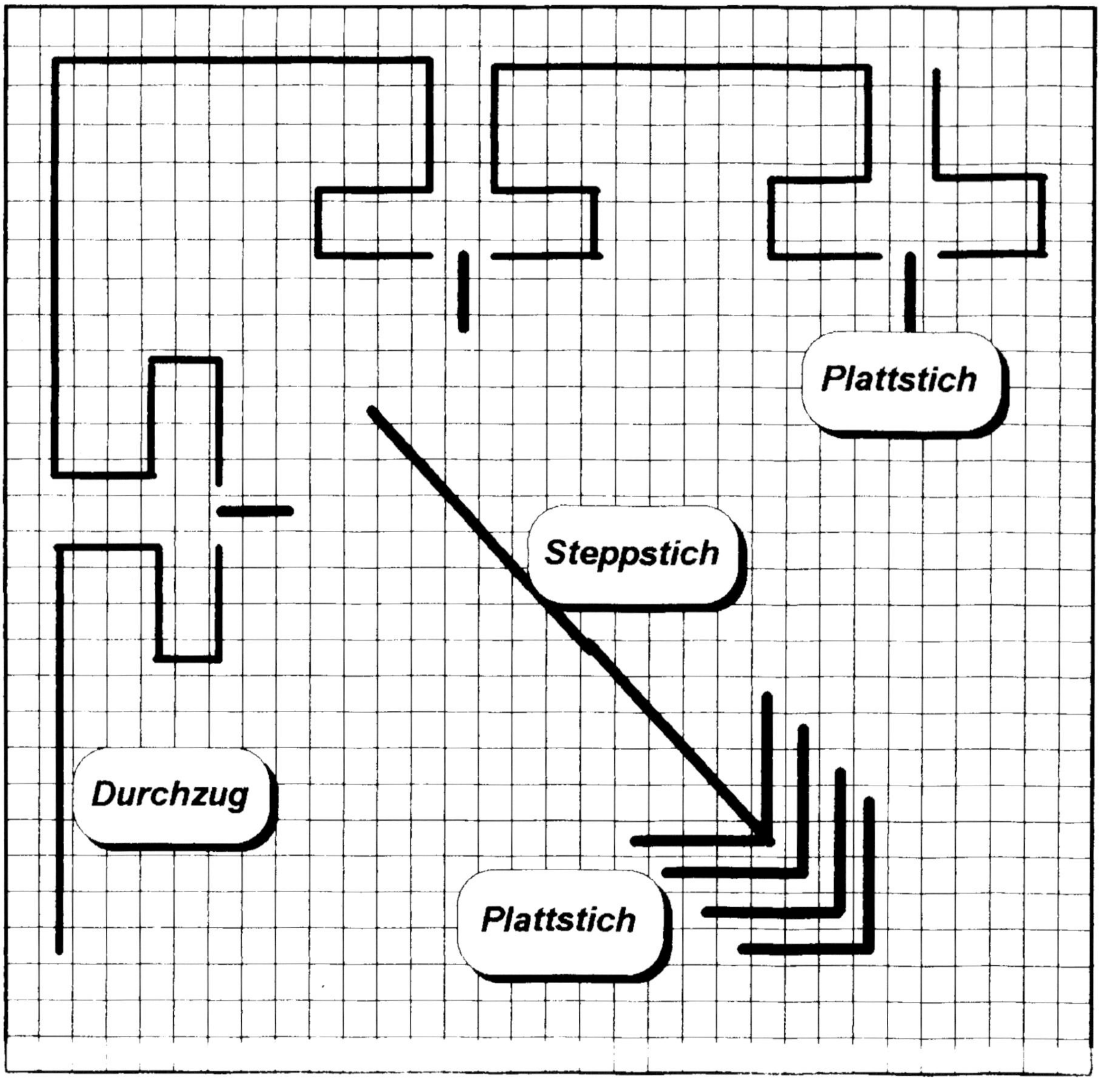

3.4.2 Filet-Sonnenblume

Wie man an dieser Sonnenblume sehen kann, wirkt Filetstickerei auch farbig sehr schön. Allerdings sollte man sich auf sehr helle Farben beschränken. Da Filet-Stickerei durch einen ebenfalls farbigen Untergrund erst richtig zur Geltung kommt, wirken kräftige Töne schnell zu bunt. Für die Sonnenblume wurde deshalb ein weißer Untergrund gewählt. Ein zartes Gelb oder ein Lindgrün bringen das Motiv ebenfalls gut zur Geltung. Sie benötigen Sticktwist in den Farben Gelb (MEZ Nr. 302/DMC 743), Hellgrün (MEZ Nr. 213/DMC 504) und Braun (MEZ Nr. 903/DMC 3032) sowie Dreherstramin 40.
Richten Sie sich beim Zuschnitt am besten nach dem vorhandenen Rahmen und Passepartout. Das Fertigmaß beträgt 11,8 x 7,2 cm.
Spannen Sie Ihr Gewebe in den Stickrahmen, und beginnen Sie, Ihr Motiv von der Mitte aus zu sticken. Die gesamte Darstellung erfolgt durch Plattstiche (sechsfädig). Die Fadenenden lassen sich bei diesen Stichen sehr gut vernähen, ohne daß sie von der Vorderseite sichtbar sind.

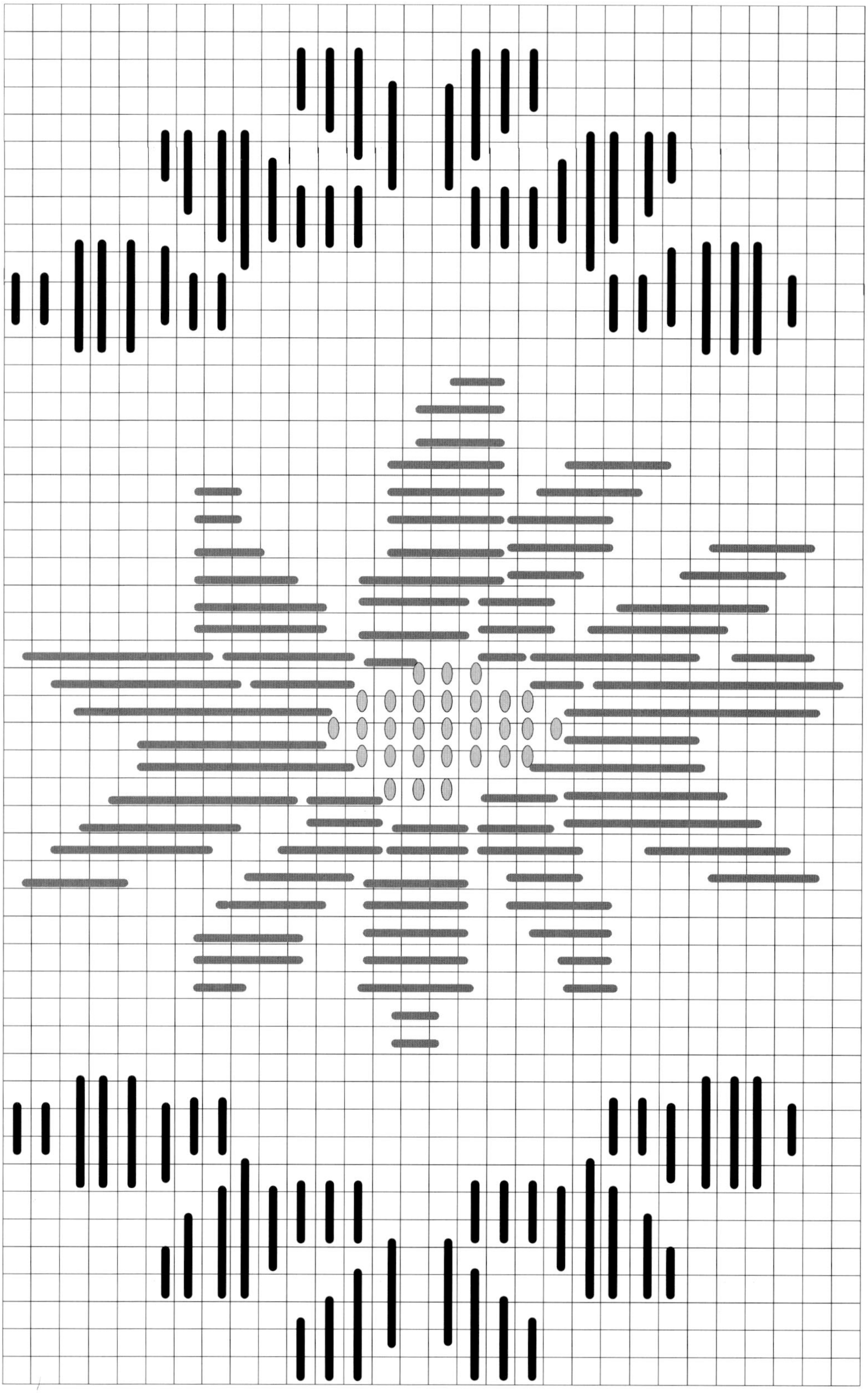

3.4.3 Filet-Maiglöckchen

Bei dem Maiglöckchenstrauß kommen zwei Stickstiche zur Anwendung. Die Blüten werden durch Fadendurchzug gearbeitet. Jede waagerechte Löcherzeile wird dabei doppelt (Hin- und Rückreihe) bestopft. Die Linie in der Arbeitsanleitung zeigt Ihnen den Fadenverlauf. Schleife, Stiele und Blätter werden im Plattstich gestickt. Durch die Kombination der senkrechten und waagerechten Stiche entsteht eine sehr plastische Darstellung.

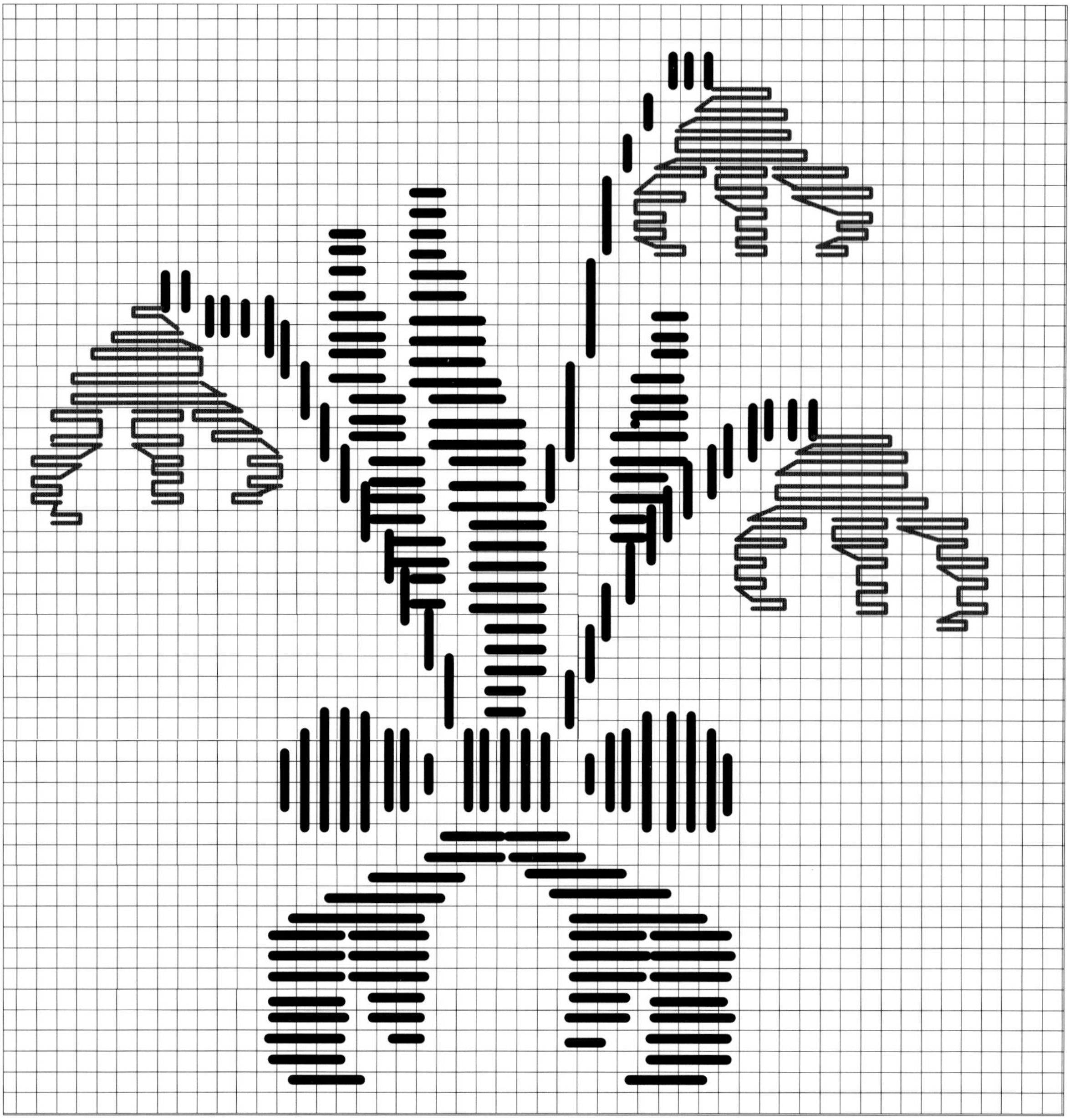

Fertigmaß: 12,5 x 11,9 cm.
Spannen Sie ein entsprechendes Stück Dreherstramin 40 in Ihren Stickrahmen und beginnen Sie mit den Plattstichen in Weiß (Sticktwist von MEZ Nr. 1/DMC blanc 5200). Da der unten liegende Faden von der Vorderseite sichtbar ist, werden die einzelnen Teile des Bildes auch einzeln gestickt und die Fäden nach jedem Teilstück vernäht.
Wird das Vernähen sehr sorgfältig ausgeführt, kann dieser Strauß auch in einen Metallrahmen gespannt und als Fensterbild genutzt werden.

3.5 Gobelinstickerei

Die Gobelinstickerei (Stickerei auf Stramin) begann sich im 13. Jahrhundert zu entwickeln und erlebte ihre Blüte in der Biedermeierzeit. Es entstanden traditionelle Blumen- und Rankenmotive, die an Attraktivität bis zum heutigen Tage nichts verloren haben.
Im Mittelalter webten Künstler riesige Wandteppiche: die berühmten Tapisserien. In Anlehnung an diese Arbeiten entstanden, gestickt, die Gobelinarbeiten.
Die Techniken sind vielfach einsetzbar und nicht schwer zu erlernen. Im Gegensatz zu anderen Stickarbeiten sind größere Flächen schnell bestickt, denn innerhalb einer Arbeit wird nur mit einem Stich gearbeitet, dessen ständige Wiederholung rasch die gewünschte Übung bringt. Bei der Wahl des Stramins können Sie entscheiden, ob die Arbeit fein oder grob ausfallen soll. Außerdem sollten Sie sich bei der Wahl der Gewebestärke ein wenig nach den Fähigkeiten Ihrer Augen richten.
Zu erwähnen ist die feinste und kunstvollste Ausführung der Gobelinstickerei: die Petit-Point-Stickerei, die ihren Ursprung in Österreich hat. Zwischen 440 und 1600 Stiche entfallen auf den Quadratzentimeter. Diese Arbeiten lassen sich nur mit Lupe sticken. Es wird ausschließlich der Perlstich angewandt, mit dem dann Blumenornamente und Rosenmuster gestaltet werden.

Anwendungsmöglichkeiten

Durch ihre Strapazierfähigkeit sind Gobelinarbeiten nicht nur für Bilder, Brillenetuis, Buchhüllen und Kissenbezüge geeignet, sondern sogar für Stuhl-, Fußbank- und Sesselbezüge.

Arbeitsmaterial

Stramin, zweifädig (weiß, 100% Baumwolle) ist erhältlich in unterschiedlichen Dichten: 26, 30, 34, 38, 40, 44, 48, 52, 56, 60, 70 und 80 Stiche per 10 cm. In Naturfarben wird Penolope Canevas (100% Baumwolle, 39 Stiche per 10 cm) angeboten sowie für extra grobe Arbeiten Sudanstramin (100% Baumwolle, 18,5-24 Stiche per 10 cm). Für einige Arten der Gobelinstickerei wird auch einfädiger Royal Canevas (weiß, 100% Baumwolle) in den Stärken 40, 46, 52 und 60 Stiche per 10 cm verwendet. Benutzen Sie eine stumpfe Sticknadel, Sticktwist, Mattstickgarn oder Gobelinwolle, je nach Arbeitsanweisung, und einen Stickrahmen. Für Petit-Point-Arbeiten verwenden Sie Müllergaze oder Stramin 80.

Sticharten

Einfacher (halber Kreuzstich), schräger und gerader Gobelinstich, Perlstich.
Wenig gebräuchlich, nur für besondere Gobelinarten: wechselnder Gobelinstich, Plattstich, Kettenstich, Kreuzstichvariationen, Sternstich.

Ausführung

Gobelinmotive werden zahlreich als Fertigpackungen angeboten. Das Muster ist auf den Stramin aufgedruckt, die Größe des Gewebes ist fertig zugeschnitten, und die entsprechenden Garnmengen liegen bei.
Sie können auch nach einem Zählmuster arbeiten. In einzelnen Rasterfeldern finden Sie Symbole (oder Farbausfüllungen). Jedes einzelne steht für eine bestimmte Farbe. Zum Beispiel: Zwei Sternchen übereinander angeordnet entsprechen zwei übereinander gestickten Gobelinstichen in einer Farbe.
Zählen Sie zuerst das Muster aus, und schneiden Sie dann den Stramin mit reichlich Saumzugabe zu.
Bedenken Sie, daß in einem Rahmen gearbeitet wird und die fertige Arbeit gespannt werden muß. Damit die Ränder nicht ausfransen und der Arbeitsfaden nicht an den Gewebeenden hinterhakt, befestigen Sie die Schnittkanten mit Klebestreifen.
Es empfiehlt sich, von der Mitte aus zu arbeiten (insbesondere bei geometrischen Mustern). Falten Sie den Stramin doppelt, und markieren Sie sich die Schnittpunkte.
Für Gobelinarbeiten sollten Sie einen Stickrahmen verwenden, damit sich ein gleichmäßiges Stickbild ergibt, denn beim Sticken verzieht sich der Stramin schnell.
Arbeiten Sie mit einem nicht zu langen Faden zuerst die einzelnen Motive und abschließend die Füllfarbe.
Der meistens angewandte, einfache Gobelinstich ist in zwei Variationen möglich: mit und ohne

unterlegtem Faden (trassieren). Entnehmen Sie die Anwendungsweise dem Kapitel „Stickstiche". Nach dem Sticken muß die Handarbeit gespannt werden. Legen Sie das fertige Bild mit der „guten" Seite nach unten auf eine Holzplatte oder einen alten Tisch (wegen eventueller Verschmutzungen Tuch darunterlegen), und zeichnen Sie sich die Umrisse Ihres Motivs genau auf. Wenn Sie zwei Seiten Ihres Spannbrettes zu Hilfe nehmen, ergeben sich bereits zwei Seiten im rechten Winkel.
Nun wird der Stramin angenagelt (Abstand ca. 0,5 Zentimeter) und dabei kräftig gespannt. Mit einem Tuch oder Schwamm nässen Sie Ihre Arbeit gründlich. Nach dem Trocknen wird der Saumzuschlag zum großen Teil abgeschnitten, die verbleibenden Straminstreifen umgelegt und auf der Rückseite vernäht.

Pflege
Gobelin-Stickereien auf Stramin sollten entweder chemisch oder trocken gereinigt werden (Polsterschaumreinigungsmittel), um ein nachträgliches Verziehen des Stramins zu verhindern.

3.5.1 Gobelin-Veilchen

Dieses typische Gobelinmotiv ist ein hübscher Blickfang an einer hellen Wand. Damit die Oberfläche einen seidigen Glanz erhält, wurde mit leicht glänzendem Sticktwist gearbeitet. Sie benötigen die Farben Creme (MEZ Nr. 852/ DMC 3047), Lila dunkel, Lila, Flieder, Flieder hell, Gelb, Rotbraun, Grün mittel, Grün, Dunkelgrün, Hellgrün und Tannengrün sowie Stramin 56 (ca. 20 x 20 cm), wahlweise einen Rahmen und eine Sticknadel ohne Spitze. Natürlich läßt sich auch Kelimwolle verwenden (auf Stramin 44), wenn Sie einen matten Charakter bevorzugen. Sticken Sie nach Stickschrift sechsfädig mit dem einfachen Gobelinstich (siehe Kapitel „Stickstiche"). Haben Sie alle belegten Rasterfelder ausgestickt, füllen Sie die restliche Fläche mit Creme aus. Richten Sie die zu bestickende Fläche nach Ihrem Bilderrahmen aus.

Nach Beendigung der Stickarbeit spannen Sie Ihre Arbeit und dämpfen sie von links mit einem feuchten Tuch.

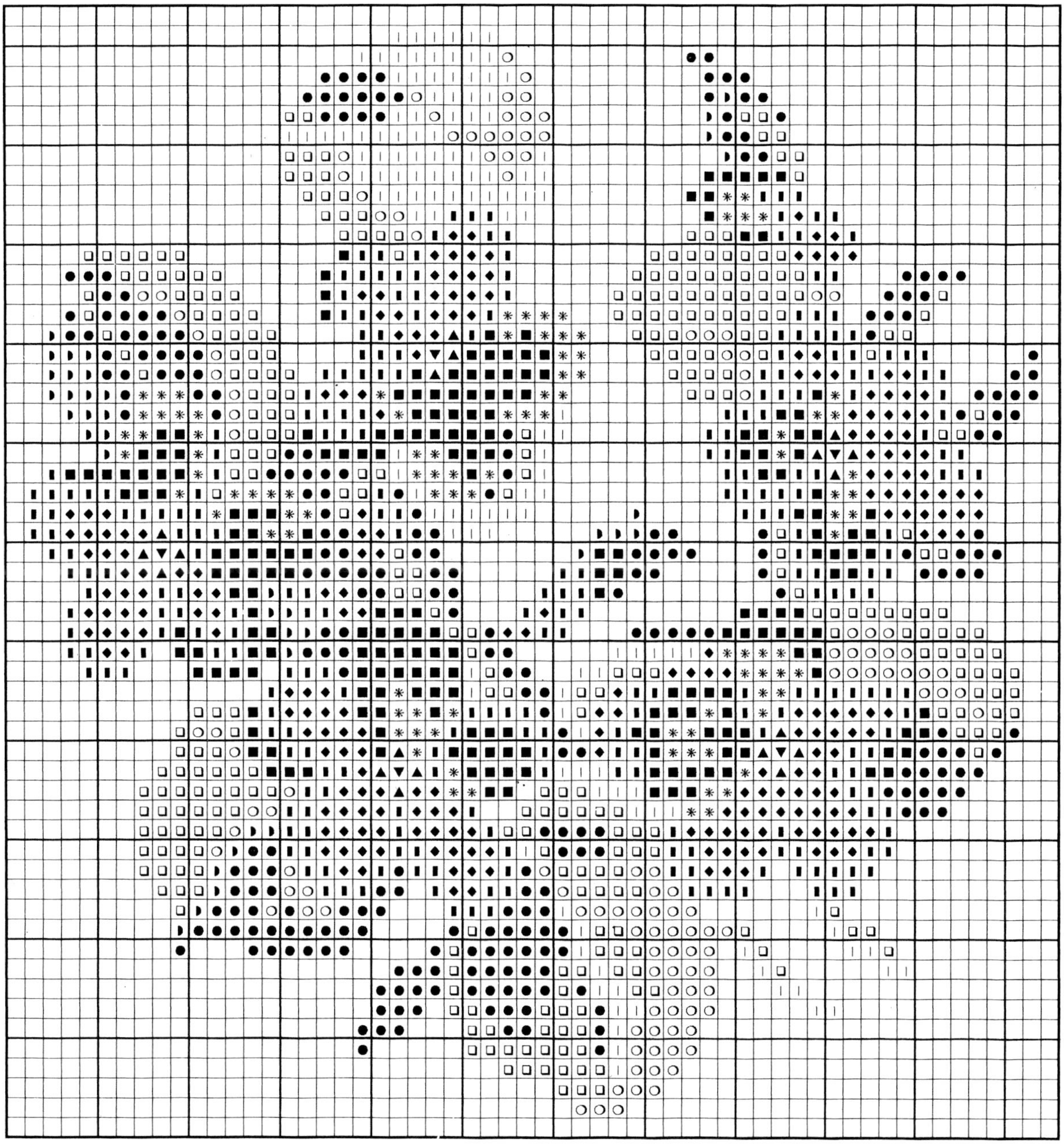

Zeichenerklärung:

	MEZ	DMC	
◆ =	Nr. 112	550	lila dunkel
■ =	Nr. 108	210	lila
▮ =	Nr. 110	208	flieder
✳ =	Nr. 342	211	flieder hell
▲ =	Nr. 302	743	gelb
▼ =	Nr. 339	356	rotbraun
❑ =	Nr. 217	319	grün mittel
● =	Nr. 875	503	grün
❍ =	Nr. 861	520	dunkelgrün
◗ =	Nr. 213	504	hellgrün
ǀ =	Nr. 683	895	tannengrün

3.5.2 Schwarzweiß-Grafik

Die Gobelintechniken lassen sich nicht nur für traditionelle Blumen-, Vögel- oder Landschaftsmotive einsetzen. Dieses grafische Muster paßt in die modernste Wohnung und kann als Bild, Nadelkissen oder durch Motivwiederholung, auch mit Tapisseriewolle, als Kissenbezug eingesetzt werden.
Hier wurde mit fünffädigem Sticktwist in Weiß (MEZ Nr. 1/DMC blanc 5200) und Schwarz (MEZ Nr. 403/DMC 310) auf Stramin 60 gearbeitet. Das Fertigmaß beträgt 7 x 9 cm. Verwenden Sie andere Straminstärken, ändern sich die Maße wie folgt:

Stramin 44	=	7 x 11,4 cm
Stramin 40	=	9,8 x 12,6 cm
Stramin 26	=	15 x 19,3 cm

Bei diesen Stärken müßten Sie auf Kelimwolle (Tapisseriegarn) oder Sudanwolle ausweichen, damit der Stramin vollständig abgedeckt wird. Möchten Sie ein Kissen erarbeiten, setzen Sie

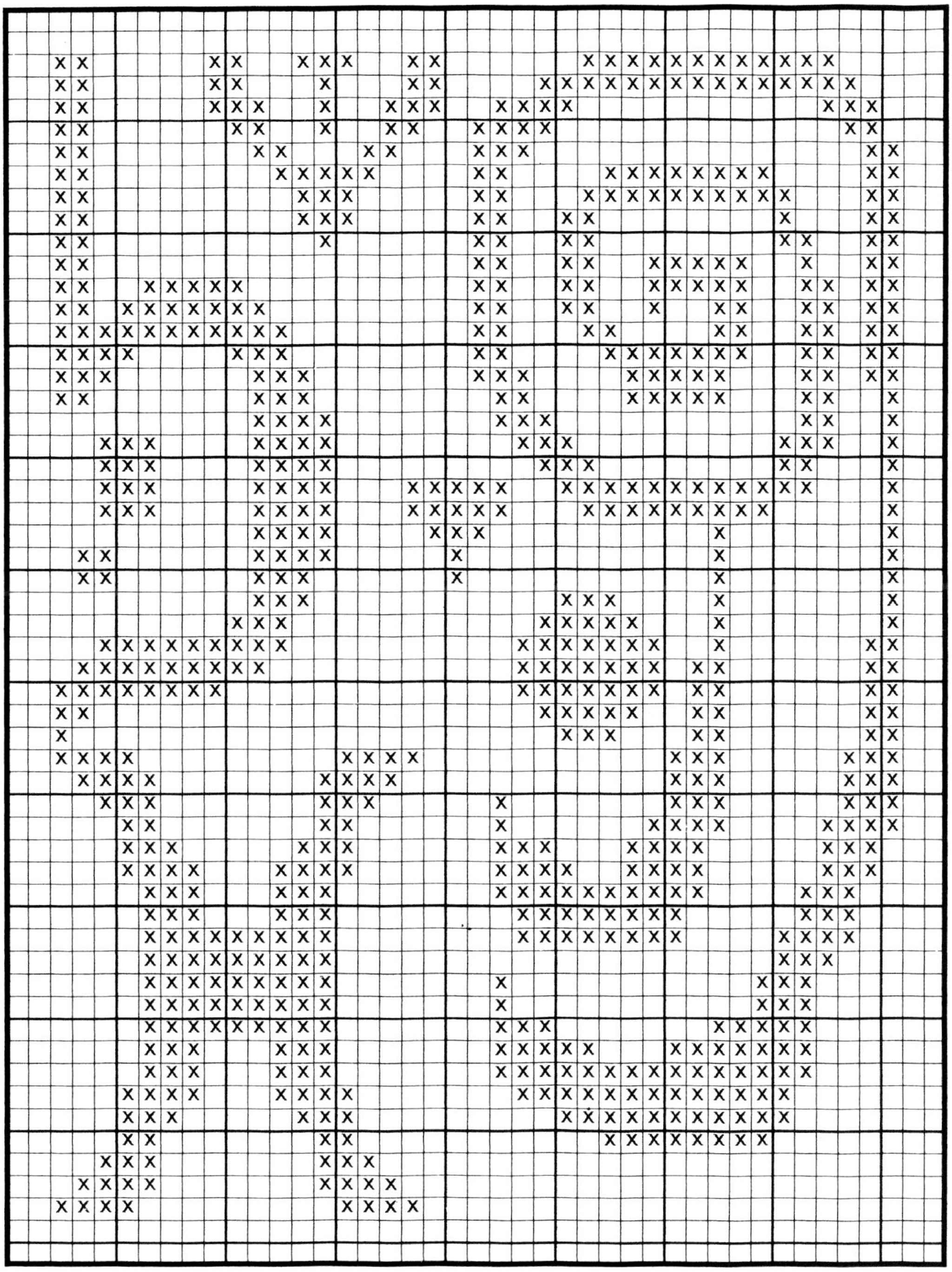

den Mustersatz mehrfach aneinander.
Der abgebildete Mustersatz wurde mit dem Perlstich (siehe Kapitel „Stickstiche“) gearbeitet. Beginnen Sie mit der Farbe Schwarz. Jedes Kreuz in der Stickschrift entspricht einem schwarzen Perlstich. Nach Vollendung der dunklen Intarsien füllen Sie das restliche Straminstück mit der Farbe Weiß aus.
Wenn Sie mit Sticktwist gestickt haben, empfiehlt sich ein vorsichtiges Dämpfen der Arbeit von der Oberseite, damit sich die einzelnen Stiche dichter zusammenlegen. Legen Sie dabei ein Tuch zwischen Handarbeit und Bügeleisen. Bei Wolle wird die Arbeit nur genäßt (siehe „Ausführung“).

3.6 Hardanger

Hardanger ist eine Durchbruchstickerei, benannt nach dem Hardanger Fjord im Westen Norwegens. Die Technik besteht aus einer interessanten Kombination von Flach-, Durchbruch- und Zählstickerei mit unendlich vielen traditionellen und auch neuen Motivmöglichkeiten. Wie auch andere Stickarten ist die Hardanger-Stickerei im Laufe der Zeit vielfach erweitert und abgewandelt worden. Ursprünglich wurde mit weißem Garn auf weißem Stoff gestickt. Die heutigen Arbeiten sind meistens farbig. Dadurch kommen die Stiche natürlich besser zur Geltung.
Es ist nicht schwer, die Hardanger-Stickerei zu erlernen. Voraussetzung ist allerdings ein sehr sorgfältiges Auszählen und die dafür erforderliche Konzentration. Bei Durchbrucharbeiten, wie beispielsweise einem Hohlsaum, werden die Fäden vor dem Sticken herausgezogen. Beim Hardanger ist es genau umgekehrt. So sollten Sie zwischendurch einige Male Ihr Muster kontrollieren und erst ganz zum Schluß mit dem Heraustrennen der Fäden beginnen.
Haben Sie sich bei Ihrem Muster um einen Faden verzählt und im Verlaufe der Stickerei schon Stoff herausgetrennt, läßt sich das gute Stück nur schlecht wieder reparieren.

Anwendungsmöglichkeiten

Decken, Kissenbezüge, Einsätze (Broschen, Spandosen, Fensterbilder), Sets, Mitteldecken, Läufer, Gardinenvolants, Tischbänder.

Arbeitsmaterial

Hardangerstoffe werden in verschiedenen Strukturen, Gewebedichten und Materialzusammensetzungen angeboten. Zu den feineren Stoffen zählen Meran (107 Fäden per 10 cm, 60% Viskose/40% Baumwolle), Lugana (100 Fäden per 10 cm, 52% Baumwolle/48% Viskose) und Belfast (122 Fäden per 10 cm, 100% Leinen), zu der mittleren Stärke Oslo (87 Fäden per 10 cm, 100% mercerierte Baumwolle), Sulta (87 Fäden per 10 cm, 100% Baumwollzwirn) und Bellana (80 Fäden per 10 cm, 52% Baumwolle/48% Viskose), zu der gröberen Qualität Carrara (71 Fäden per 10 cm, 100% Polyacryl) und Davosa (71 Fäden per 10 cm, 100% Baumwolle), erhältlich in jedem Handarbeitsgeschäft.

Gestickt wird mit einer stumpfen Nadel und verschieden starkem Perlgarn oder Vierfachsticktwist nach Arbeitsanweisung.
Beispiel: Bei einem Stoff mittlerer Struktur verwenden Sie Perlgarn Stärke 3 für die Plattstiche und Stärke 5 für Stege, Kästchen- und Sternstiche (Vierfachstickgarn Nr. 8/Nr. 12).

Sticharten

Plattstich, Kästchenstich, Sternstich, Kreuzstich, doppelter Steppstich, Schling- oder Langettenstich.

Ausführung

Im Gegensatz zu anderen Durchbrucharbeiten werden bei der Hardanger-Stickerei zuerst die Umrahmungen der Durchbrüche (Stoffunterbrechungen) gestickt und dann die Fäden herausgetrennt.
Die Arbeitsanweisung besteht aus einer grafischen Darstellung des Stoffes, in der das Muster vorgezeichnet ist, und einer detaillierten Textbeschreibung.
Der Beginn einer Hardanger-Stickerei ist immer das Sticken der in der Stickschrift angegebenen Plattstichgruppen. Sie müssen abwechselnd senkrecht und waagerecht gestickt werden, wobei der letzte Stich einer Plattstichgruppe denselben Einstichpunkt hat wie der erste Stich der folgenden Gruppe.

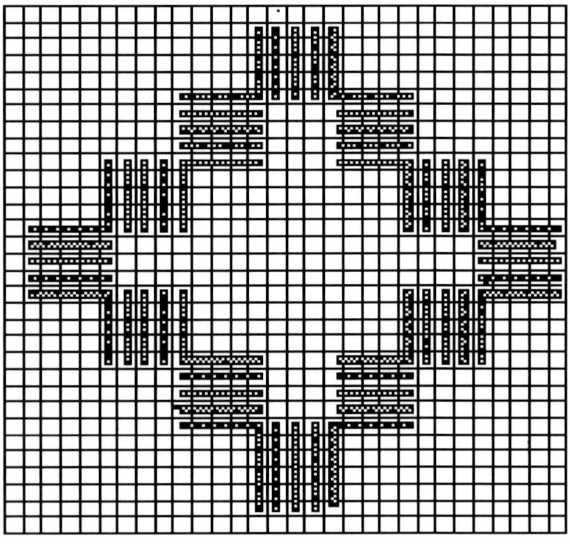

Nach Vollendung sämtlicher Plattstiche werden Gewebefäden an den durch die Stiche gesicherten Kanten herausgetrennt. Schneiden Sie niemals einen Faden ab, der auf die breite Seite eines Plattstiches stößt. Es entsteht folgendes Bild:

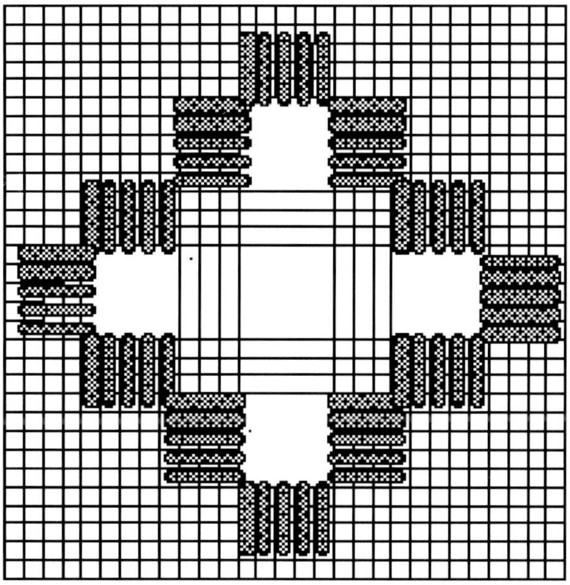

Die übriggebliebenen Fäden werden umwickelt,

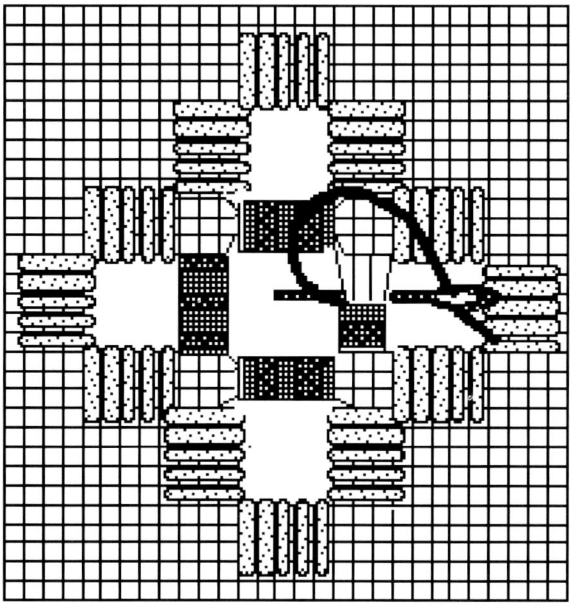

umstopft oder mit Kreuzstich eingefaßt, und es entstehen sogenannte Stege.

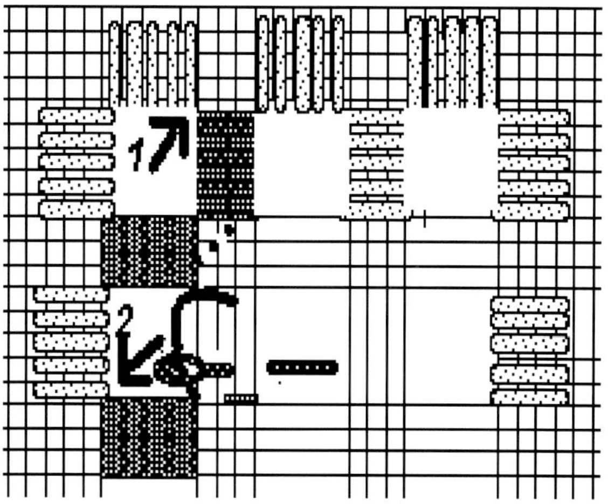

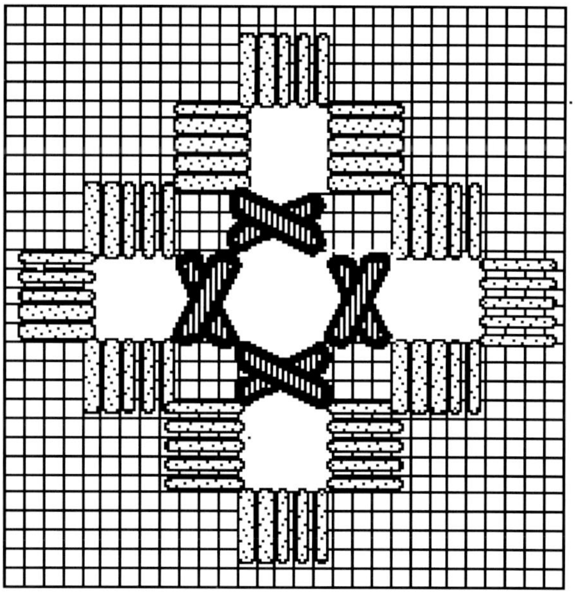

Besonders reizvoll sind die Füllungen der entstandenen Durchbruchlöcher. Die nächste Abbildung zeigt die Einarbeitung eines Schlingstichschmuckes bei Stopfstegen:

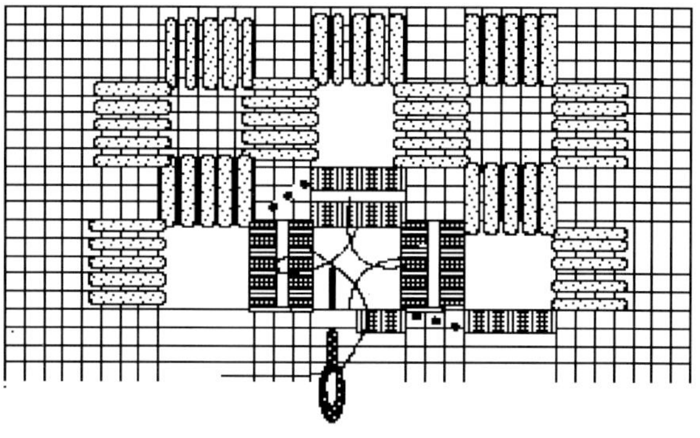

Die Hardanger-Ziermotive für die freien Flächen sind sehr zahlreich. Auf diesen Seiten finden Sie einige traditionelle Beispiele.
Wie das Schmetterlingsmotiv auf Seite 53 zeigt, muß man sich aber nicht auf die traditionellen Anordnungen beschränken. Die Möglichkeiten sind sehr vielfältig.
Damit sich beim Waschen keine Fäden lösen und die Ränder eventuell ausfransen, empfiehlt es sich, mit der Nähmaschine den Rand noch einmal unsichtbar zu umsäumen.

Pflege

Hardangerarbeiten sollten Sie mit der Hand oder im Wollsiegelwaschgang ihrer Waschmaschine waschen. Dämpfen Sie Ihre Stickerei vorsichtig, und legen Sie ein Leinentuch zwischen Bügeleisen und Handarbeit. Niemals in die Heißmangel geben!

3.6.1 Hardanger-Decke

Diese Decke zeigt Hardangerstickerei in herkömmlich angewandter Weise. Der gezackte Rand aus Langetten- oder Schlingstichen und Plattstichen gibt der Tischdecke den letzten Pfiff. Die Mittelmotive sind jeweils gleich, und so können Sie die Größe der Decke Ihren Möbeln anpassen.
Fertigmaß Mittelmotiv: 11,3 x 11,3 cm.
Material: Bellana (80 Fäden per 10 cm) in Lindgrün und Perlgarn Nr. 8 und Nr. 5 in Weiß (MEZ Nr. 1/DMC blanc 5200).
Schneiden Sie sich Ihr Stoffstück zu, und umsäumen Sie die Kanten, damit die Ränder nicht ausfransen. Legen Sie die Plazierung der Motive fest, und beginnen Sie Ihre Stickarbeit mit der Ausarbeitung der Platt- und Sternstiche mit Perlgarn Nr. 5.
Dann schneiden Sie die Fäden innerhalb der gegenüberliegenden Plattstiche durch und ziehen sie heraus. Auf diese Weise werden abwechselnd eine Gruppe Senkrecht- und eine Gruppe Querfäden behandelt.
Die übriggebliebenen Fäden werden mit Perlgarn Nr. 8 in Stopfstege verwandelt, wobei Sie jeweils die in der Stickschrift eingezeichneten Schling- und Pikotfüllungen mit einarbeiten.
Die Pikots entstehen durch Einarbeitung eines Schlingstiches während des Umstopfens der Stege. Sollte Ihnen der Pikot zu klein erscheinen, fügen Sie einen zweiten Stich ein und setzen danach das Umstopfen fort.
Sticken Sie nun die Umrandung: erst die innenliegenden Plattstiche und anschließend die Schling- oder Langettenstiche der Außenkante.
Dann schneiden Sie am äußeren Rand vorsichtig den überstehenden Stoff ab. Keine Angst, die Langettenstiche reichen als Randbefestigung aus. Achten Sie nur darauf, daß Sie beim Abschneiden nicht versehentlich einen Stickfaden durchtrennen.

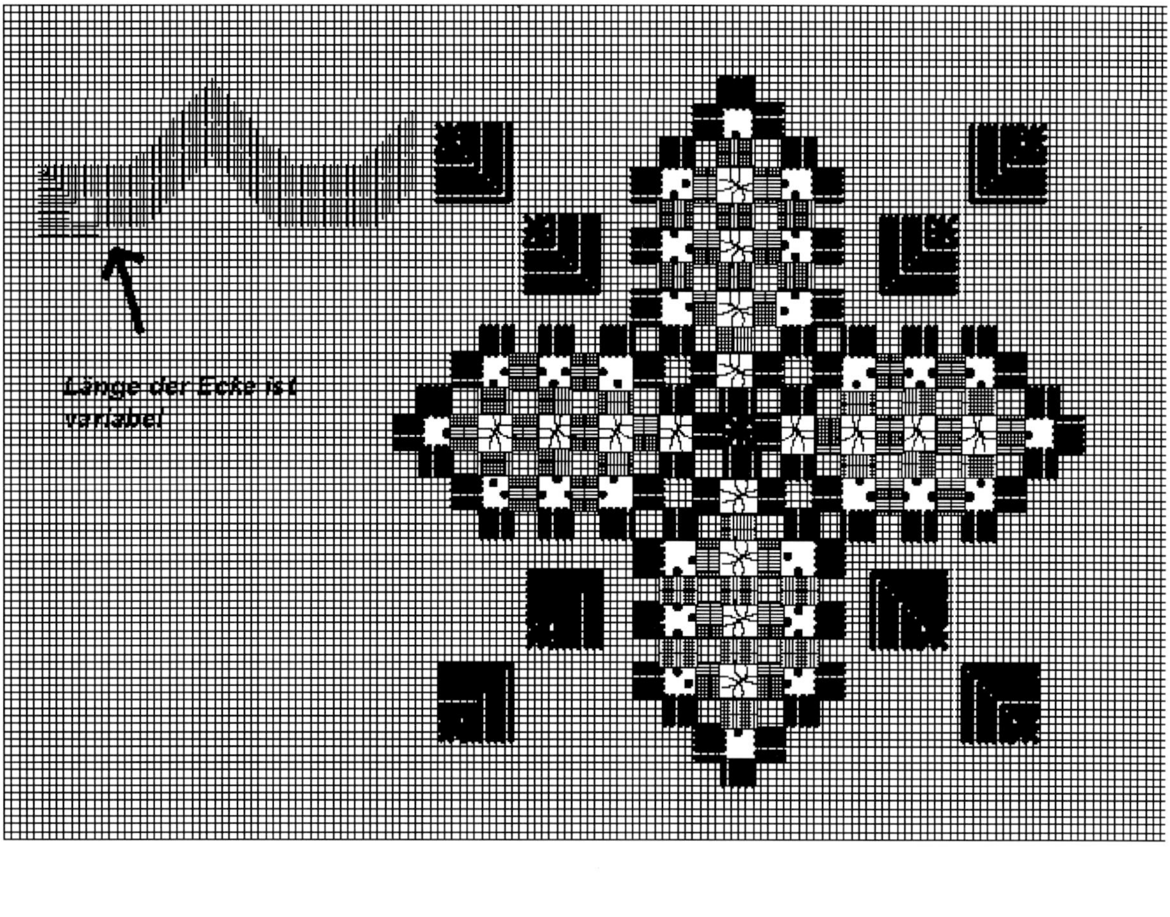

3.6.2 Hardanger-Schmetterling

Der Hardanger-Schmetterling ist ein Beispiel für die Einsatzmöglichkeit dieser Stickerei abweichend von traditionellen Motiven.
Durch seine verhältnismäßig kleine Größe ist er vielseitig einsetzbar: als Fensterbild, Eckmotiv für Tischwäsche, als Gardinenmotiv oder für einen Spandosenbezug.
Fertigmaß: 12,2 x 13 cm.
Material: 24 x 23 cm Sulta-Hardangerstoff (87 Stiche per 10 cm), Perlgarn Nr. 5 in Hellblau (MEZ Nr. 145 / DMC 309), Perlgarn Nr. 8 in Jeansblau (MEZ Nr. 146 / DMC 798), weiße Nähseide und, wenn Sie den Schmetterling als Fensterbild verwenden möchten, einen weißen Metallring (Bastelbedarf) von 20 cm Durchmesser.
Beginnen Sie nach der Zählschrift die Plattstiche in Hellblau und die gleichseitigen Sternstiche an den Fühlern in Jeansblau zu sticken.
Partieweise trennen Sie die Fäden der Durchbruchflächen heraus: Schneiden Sie den ersten Faden innerhalb der gegenüberliegenden Platt-

stiche durch, und ziehen Sie ihn heraus. Auf diese Weise werden abwechselnd eine Gruppe Senkrecht- und eine Gruppe Querfäden behandelt.
Nun sichern Sie die übriggebliebenen Fäden durch Stopfstege in Jeansblau und arbeiten nach dem Zählmuster jeweils Schlingstichfüllungen, Pikots oder verkreuzte Diagonalfäden ein.
Abschließend muß das Motiv in den Ring eingepaßt werden. Legen Sie ihn mittig über den Schmetterling, und markieren Sie den Kreis vorsichtig mit einem Bügel- bzw. Kopierstift.
Da der Saum um den Ring geschlagen wird, geben Sie ca. 0,5 cm Zugabe und umsäumen Ihren Kreis (weiße Nähseide) mit Zickzackstichen.
Bei der abgebildeten Stickerei wurde der Ring in Jeansblau eingehäkelt. Alternativ können Sie auch eine quadratische Langetten- oder Schlingsticheinfassung um den Schmetterling sticken und lediglich die Ecken an einem Ring (Durchmesser nach Fertigstellung ausmessen) befestigen.

3.7 Hohlnahtstickerei

Die Hohlnaht- oder Hohlsaumstickerei ist eine Durchbrucharbeit mit einer jahrtausendelangen Tradition und sehr vielen Variationsmöglichkeiten.
Durch das Ausziehen einzelner oder mehrerer Stoffäden entstehen Durchbrüche. In der Hohlnahtstickerei werden sie „Hohlnähte" oder „Fadenrinnen" genannt.
Die freigelegten Gewebefäden werden mit Stickgarn zusammengefaßt, umwickelt oder umschlungen, und es entstehen luftige Borten.
Oft werden Hohlnähte mit Platt- und Hexenstichmotiven kombiniert.
Werden Fäden innerhalb des Gewebes in senkrechter oder in waagerechter Richtung ausgezogen, spricht man von einem einfachen Durchbruch. Werden waagerechte und senkrechte Fädenbündel herausgetrennt, es entsteht ein Gitter, spricht man von einem Doppeldurchbruch.
Eine Hohlnaht kann auch zur Randbefestigung eines Stoffes genutzt werden. Die Hohlnaht verwandelt man auf diese Weise in einen Hohlsaum.
Ziersäume dieser Art kann man mit allen anderen Stickarten kombinieren, die auf einem Zählstoff zu arbeiten sind. Selbst wenn sie in der einfachsten Ausführung und Ton in Ton gestickt werden, sind sie das I-Tüpfelchen einer kunstvollen Handarbeit.

Anwendungsmöglichkeiten

Verzierungen von Tischdecken, Mitteldecken, Sets, Kleidungsstücken, Kissen.

Arbeitsmaterial

Gearbeitet wird ein Hohlsaum bzw. eine Hohlnaht auf einem Zählstoff. Diese Stoffe werden in verschiedenen Stärken angeboten:
Camilla (100% Baumwolle, 68 Fäden per 10 cm), Floba (70% Viskose/30% Leinen, 68,5 Fäden per 10 cm), Korsika (55% Baumwolle/30% Viskose/15% Leinen, 69 Fäden per 10 cm), Dublin (100% Leinen, 100 Fäden per 10 cm), Cork (100% Leinen, 75 Fäden per 10 cm), Davosa (100% Baumwolle, 71 Fäden per 10 cm) oder Lugana (52% Baumwolle/48% Viskose, 100 Fäden per 10 cm). Arbeiten Sie mit einer stumpfen Sticknadel, damit die Gewebefäden nicht verletzt werden.
Ein Stickrahmen ist unbedingt erforderlich, um ein ebenmäßiges Stickbild zu erreichen.
Als Garne eignen sich Sticktwist oder Vierfachgarne.

Sticharten

Bindlochstich, Schlingstich, Hohlnahtstich, Wickelstich, Stopfstich, Kästchenstich, Kreuznahtstich, Türkischer Stich, Zickzackstich.

Ausführung

Die Arbeitsanweisung für eine Hohlnaht besteht aus einer Textangabe und meistens aus einer Detailaufnahme. Das Wichtigste ist das Heraustrennen und -ziehen der Gewebefäden. Ist ein falscher Faden durchgeschnitten, läßt sich der Schaden schlecht reparieren.
So sollte die Hohlnaht vor Beginn durch Nadeln oder Bleistiftstriche genau gekennzeichnet werden. Bei breiteren Hohlnähten zieht man die Fäden erst nach und nach heraus, damit sich das Gewebe nicht verzieht, und wählt aus Stabilitätsgründen ein nicht zu luftiges Muster. Nur bei einer Fransenarbeit werden die Gewebefä-

den in einigem Abstand zum Stoffrand ganz herausgezogen. Der innere Rand wird dann mit Hohlnahtstichen oder dem Türkischen Stich befestigt.
Soll eine Hohlnahtverzierung innerhalb eines Gewebes entstehen, werden die auszuziehenden Gewebefäden bis auf ca. 4 cm vor dem Endpunkt abgeschnitten und die verbleibenden Mittelteile herausgezogen. Die kurzen Enden werden auf der Rückseite durch Bindlochstiche oder Schlingstiche unsichtbar vernäht. Bei einer breiten Hohlnaht empfiehlt es sich, zuerst den oberen und unteren Faden auszuziehen und dann, im Verlauf der Arbeit, die mittleren. Je breiter die Reihe der ausgezogenen Fäden ist, desto aufwendiger ist die Ziernaht. Von einer „Fadenrinne" spricht man bei einfacher Durchbruchtechnik. Die Durchbrüche können auf die verschiedensten Arten verziert werden, z.B. durch Fadendurchzug, Umwickeln oder Umstopfen.
Werden Senkrecht- und Querfäden ausgezogen, so daß sich zwei „Fadenrinnen" rechtwinklig treffen, entsteht an den Schnittstellen bzw. Ecken ein quadratisches Loch, das meistens durch Spinnen verschiedenster Arten verziert wird.

Pflege
Wie alle Durchbrucharbeiten sollten auch Hohlnahtstickereien nicht geschleudert oder gezerrt werden. Lassen Sie Ihre Arbeit auf einem Tuch trocknen, und bügeln Sie sie von der linken Seite.

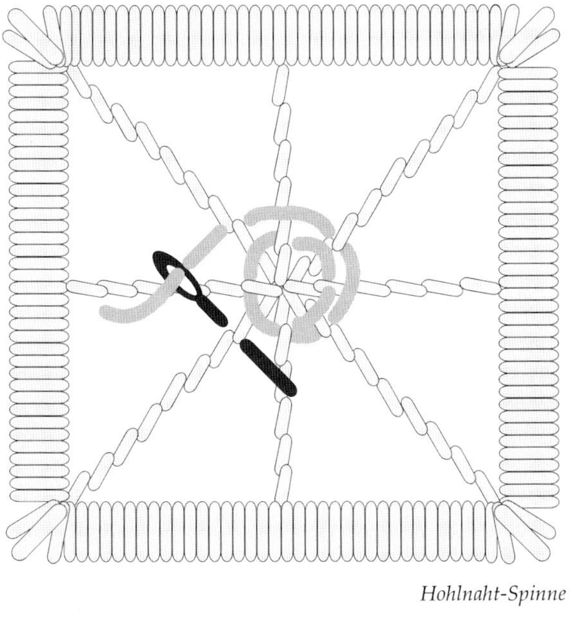

Hohlnaht-Spinne

3.7.1 Hohlnaht-Mustertuch

Das Mustertuch auf Seite 56 zeigt verschiedene Hohlnahtverzierungen. Gestickt wurde auf Davosa (71 Fäden per 10 cm) mit Vierfachstickgarn, Stärke 16 in den Farben Flieder (MEZ Nr. 108, DMC 210) und Altrosa (MEZ Nr. 970, DMC Nr. 3688). Von oben:
– Die erste Reihe zeigt die Wirkung des Kästchenstiches. Zwei Fäden werden (wie unter „Ausführung" beschrieben) herausgezogen, zwei bleiben stehen und zwei werden herausgetrennt (2-2-2). Über die verbliebenen Fäden in der Mitte sticken Sie Kästchenstiche. Um eine quadratische Form zu erreichen, fassen Sie jeweils zwei Senkrechtfäden auf.
Eine Abwandlung wäre die unterschiedliche Anzahl der überstickten Senkrecht- und Querfäden. So erhalten Sie ein Rechteck, wahlweise lang oder breit.
– In der zweiten Reihe wurden oben und unten je zwei Fäden herausgetrennt und in der Mitte (gerade Anzahl!) vier stehengelassen (2-4-2). Sticken Sie von den Seiten zur Mitte Zickzackstiche, deren Einstichlöcher sich treffen.
– Sie sehen in der dritten Reihe umstopfte Senkrechtfäden. Dazu werden sechs Fäden ausgezogen und im Wechsel 2 x 2 sowie 3 x 2 Senkrechtfäden elfmal umstopft.
– Einen verschränkten Durchbruch finden Sie in der vierten Reihe. Ziehen Sie eine größere Anzahl Fäden (in unserem Beispiel 13) heraus, und sichern Sie die Kanten mit Hohlnahtstichen.
Es ist darauf zu achten, daß die Einstichlöcher der beiden Reihen sich genau gegenüberliegen. Kennen Sie die alte Weisheit: Langes Fädchen, faules Mädchen? Diesmal muß der Faden lang sein: so lang wie die Fadenrinne. Umschlingen Sie die Senkrechtfäden wie in der Abbildung auf Seite 56 oben.
– Reihe Nummer 5 zeigt noch einmal umstopfte Stege über sieben ausgezogene Fäden. Es werden jeweils Fadenbündel aufgenommen. Haben Sie bis zur Hälfte sechs Stopfstiche ausgeführt, fassen Sie die nächste Hälfte des danebenliegenden Fadenbündels.
– Fünf Fäden wurden in Reihe sechs ausgezogen. Jeweils zwei Senkrechtfäden werden achtmal umwickelt. Erreichen Sie die Stoffränder, führen Sie einen senkrechten Stich über zwei

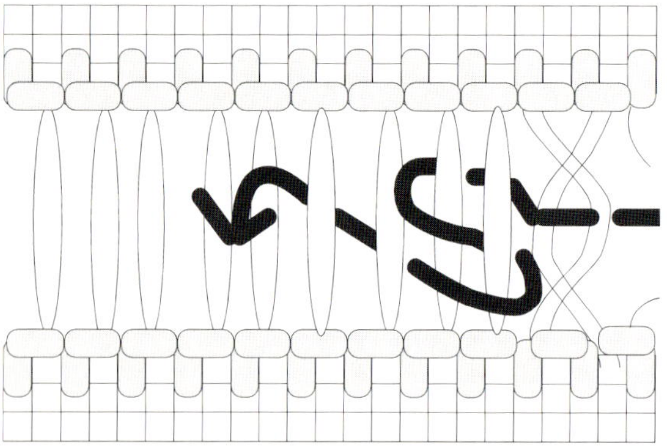

Gewebefäden aus und beginnen mit der nächsten Umwicklung.
– Zuletzt sehen Sie die Darstellung des Zackenstiches über vier stehengelassene Gewebefäden. An den Rändern werden beidseitig zwei Fäden entfernt.

Verschränkter Durchbruch

Hohlnaht-Mustertuch

3.7.2 Hohlnaht-Deckchen

Dieses kleine Deckchen mit einer Kästchensticheinfassung zeigt einen Zickzackhohlsaum und eine Hohlnaht mit Zickzackstichverzierung. Gearbeitet wurde auf weißem Lugana mit Vierfachstickgarn Nr. 16 in den Farben Flieder (MEZ Nr. 108, DMC Nr. 210) und Hellblau (MEZ Nr. 976, DMC Nr. 827).

Die Maße sind beliebig variabel und Ihren Zwecken anpaßbar. Beginnen Sie mit dem Auszählen der Fäden. Richten Sie sich dabei nach dem Zickzackhohlsaum, der über je vier Gewebefäden gearbeitet wurde. Die ausgezählten Fäden müssen also durch vier teilbar sein. Nun zählen Sie die 12 (2 x 6) Fäden für die Fadenrinnen dazu.

Ungefähr mittig (bzw. ca. 4 cm vor dem Endpunkt) schneiden Sie die jeweils sechs auszuziehenden Fäden durch und ziehen sie vorsichtig bis zu den Endpunkten heraus. Auf der Rückseite werden sie im Stoff vernäht. Damit die Stiche gleichmäßig angezogen werden können, spannen Sie Ihre Arbeit in den Stickrahmen.

Nun sichern Sie die Kanten mit Hohlnahtstichen (siehe Kapitel „Stickstiche“) in Flieder über vier

Gewebefäden und arbeiten in Verbindung mit der gegenüberliegenden Seite einen Zickzackhohlsaum (siehe „Stickstiche", Zickzackstich).
In den Ecken sind durch das Herausziehen der Fäden Löcher entstanden. Spannen Sie diagonal jeweils einen Faden, und umwickeln Sie ihn. Die Mitte wird umstopft.
In Hellblau wird die zur Mitte liegende Verzierung gestickt. Im Abstand von zehn Gewebefäden zum Zickzackhohlsaum ziehen Sie den ersten Faden heraus. Die Fäden vernähen Sie wie bereits beschrieben. Zwei Fäden bleiben stehen, der dritte, zur Mitte liegende wird wieder herausgezogen. In die Fadenrinnen sticken Sie einen Zickzackstich über vier Fäden. Ziehen Sie Ihren Arbeitsfaden straff an, damit die Durchbrüche gut zur Geltung kommen.
In die Ecken spannen Sie zwei Fäden in Richtung der Fadenrinnen und umwickeln dieselben.
Abschließend sticken Sie eine Kästchenstichumrandung (siehe „Stickstiche" Kästchenstiche). In unserem Beispiel liegen zwischen Außenkante Zickzackhohlsaum und Innenkante Kästchensticheinfassung elf Gewebefäden. Achten Sie beim Auszählen darauf, daß der dazwischenliegende Stoff den gleichen Abstand zu den Rändern aufweist.

3.8 Kreuzstichstickerei

Schon die alten Ägypter verzierten Stoff mit dem Kreuzstich. Trotz ihres Alters gehört die Kreuzstichstickerei zu den gebräuchlichsten und beliebtesten Sticktechniken der heutigen Zeit. Im Laufe der Jahre sind weltweit einige Variationen entstanden. Der heute übliche Kreuzstich bedeckt eine quadratische Stofffläche und wird auf einem regelmäßigen Gewebe gearbeitet, dessen Senkrecht- und Querfäden gleicher Anzahl ein Quadrat ergeben.
So wie in der ersten Hälfte des 20. Jahrhunderts vielfach angewandt, werden auch heute Fertigpackungen mit vorgedruckten Kreuzstichmusterzeichnungen auf glattem Stoff angeboten. Dort kommt dieser Stich aber niemals so sauber und ebenmäßig zur Geltung wie auf einem Zählstoff.
Einerseits sind Darstellungen durch die quadratische Form des Kreuzstiches Grenzen gesetzt. Das wird hauptsächlich bei kleinen Motiven deutlich. So gilt der Grundsatz: Wenig ist oft mehr. Statt einer gestickten Kreuzstichkontur läßt man einfach Stiche aus, den Stoff durchscheinen und hat den gewünschten Effekt.
Andererseits ist bei größeren Motiven auf feinem Stoff beinahe die Gestaltung kleiner Gemälde möglich.
Trotz seiner Beliebtheit ist der Kreuzstich nicht der einfachste aller Stickstiche. Aber er hat einen wesentlichen Vorteil: Hält man sich an die klaren Regeln, kann auch der Ungeübteste ein kleines Kunstwerk schaffen.

Anwendungsmöglichkeiten
Kissen, Tischwäsche, Embleme, Borten, Säckchen, Buchstabenstickerei, Bilder, Buchhüllen, Nadelkissen, Einsatzeinarbeiten, Glückwunschkartenmotive, Spruchbänder, Glockenstränge, Adventskalender . . .

Arbeitsmaterial
Erforderlich für bestmögliche Ergebnisse ist ein Zählstoff, dessen Kett- und Schußfäden gleicher Anzahl ein Quadrat ergeben. Dazu zählen Schülertuch Linda (100% Baumwolle, 107 Fäden per 10 cm, 20 Farben), Bantry (55% Leinen/45% Baumwolle, 112 Fäden per 10 cm), Bellana (52% Baumwolle/48% Viskose, 80 Fäden per 10 cm) und Davosa (100% Baumwolle, 71 Fäden per 10 cm). Außerdem gibt es die Aida-Stoffe in verschiedenen Stärken. Durch die waffelförmige Webung entfällt das Zählen der einzelnen Fäden, ein Kästchen entspricht einem Kreuzstich bzw. einem Rasterkästchen der Stickschrift: Aida (100% Baumwolle, 32,5 Stiche per 10 cm), Ida (100% Baumwolle, 43,5 Stiche per 10 cm), Stern-Aida (100% Baumwolle, 54 Stiche per 10 cm) und Feinaida (100% Baumwolle, 70 Stiche per 10 cm). Je höher die Fadenzahl per 10 cm ist, desto feiner ist der Stoff. Der Stoff läßt sich sozusagen passend zu den Augen wählen. In vielen Variationen werden auch Handarbeitsdamaste mit vorgewebten, zu bestickenden Feldern angeboten.
Benutzt wird eine stumpfe Sticknadel und üblicherweise Sticktwist.

Sticharten
Kreuzstich in Kombination mit dem Steppstich für Konturengestaltungen.

Ausführung

Auf einem Zählstoff arbeiten Sie nach einer Stickschrift. Diese Arbeitsanleitung besteht aus einem Raster. Jedes belegte Feld entspricht einem Kreuzstich. In diese Rasterfelder sind bei mehrfarbigen Arbeiten unterschiedliche Zeichen gesetzt. Jedes Zeichen steht für eine Farbe. Aus der dazugehörigen Zeichenerklärung entnehmen Sie, welche Farbe zu welchem Zeichen gehört. Die Anwendung des Kreuzstiches ist ausführlich im Kapitel „Stickstiche" beschrieben. Als Grundsatz ist nur hervorzuheben: Grundstiche verlaufen von links unten nach rechts oben, Deckstiche von rechts unten nach links oben. Selbst wenn die Reihenfolge verdreht wird, müssen Grund- und Deckstiche einer Arbeit immer in einer Richtung verlaufen. Fällt ein Lichtstrahl auf eine Arbeit mit Deckstichen, die in verschiedenen Richtungen verlaufen, fällt die Unregelmäßigkeit sofort auf.

Anfertigung eines Auszählmusters

Stickmotive, die auf einem auszählbaren Gewebe gearbeitet werden, können Sie problemlos selbst entwerfen. Sie benötigen einen Bleistift, Farbstifte, Papier mit einem 2 mm großen Raster (Schreibwarenhandel) und meistens auch einen Radiergummi.
Als geübte/r Zeichner/in malen Sie das von Ihnen gewünschte Motiv mit Bleistift auf das Rasterpapier, entweder frei erfunden oder nach einer Bildvorlage.
Sind Sie nicht ganz so geübt, kopieren Sie sich Ihr Raster auf Transparentpapier. Das legen Sie nun auf das ausgesuchte Bild oder Foto, das Sie nacharbeiten möchten, und zeichnen die Konturen nach. Jedes einzelne Rasterfeld entspricht beim späteren Sticken einem Kreuzstich (oder Gobelinstich). Rechnen Sie sich nach Vollendung der Zeichnung die spätere Fertigmaßgröße des Stickmotives aus. Dazu messen Sie die Fädenanzahl Ihres Stoffes auf 1 cm aus und können dadurch die Größe eines Kreuzstiches feststellen.
Zum Beispiel:
1 cm Stoff = 12 Fäden
Wird ein Kreuzstich über zwei Gewebefäden gestickt, ergibt das eine Größe von 6 Kreuzstichen auf 1 cm Stoff, bzw. eine Stichgröße von 0,166 cm (1:6 = 0,166). Haben Sie auf Ihrem Rasterpapier beispielsweise 85 Felder in der Breite belegt, ergibt sich folgende Rechnung:
6 Kreuzstiche = 1 cm Stoff
85 Kreuzstiche = 85:6
85 Kreuzstiche = 14,16 cm bestickter Stoff.
Achten Sie darauf, daß das Motiv in einen Standard-Bilderrahmen paßt. Eine Sonderanfertigung kann sehr kostspielig werden.
Begradigen Sie nun die Linien der Vorzeichnung, indem Sie genau auf den Rasterlinien entlangzeichnen, und markieren Sie die verschiedenen Farbfelder mit Hilfe der Buntstifte.

Pflege

Obwohl nicht ganz so empfindlich wie manche anderen Stickereien sollten Kreuzsticharbeiten in einem Säckchen (oder Kissenbezug) gewaschen werden und auf jeden Fall von der linken Seite gebügelt bzw. gedämpft werden.

3.8.1 Spandose

Diese schöne Dose ist geradezu ideal zur Aufbewahrung Ihrer Stickgarne und Nadeln. Wenn Sie sich von dem guten Stück trennen können, füllen Sie es mit Pralinen. Das nächste Geburtstagskind wird sich bestimmt freuen.
Besorgen Sie sich im Bastelbedarf einen Spandosenrohling, und malen Sie ihn an. Mit Wasserfarben und viel Deckweiß kann ein schöner Antikeffekt entstehen, wenn Sie mit dem Pinsel und verhältnismäßig trockener Farbe über das Holz bürsten. Anschließend überziehen Sie die Farbe mit farblosem Lack. Die Trocknungszeit kann wunderbar zum Sticken genutzt werden.
Auf einem Stück Stern-Aida arbeiten Sie nach der Stickschrift mit Sticktwist in den Farben Hellblau, Dunkelgrün, Grün, Gelb, Flieder und Lila im Kreuzstich über je ein Gewebekästchen. Jede Farbe ist mit einem Zeichen belegt, das Sie in der Zeichenerklärung wiederfinden. Beginnen Sie mit dem Rand in Hellblau, und arbeiten Sie sich zweifädig Farbe für Farbe vor.
Nach Beendigung der Nadelarbeit schneiden Sie den Stoff ca. 1 cm außerhalb der hellblauen

Umrandung ab und umsäumen ihn mit Zickzackstichen.
Mit Hilfe eines beidseitigen Klebebandes befestigen Sie die Stickerei mittig auf Ihrer Spandose.
Um den Zickzackrand zu verdecken, kleben Sie eine Bordüre (Stoff-Fachhandel) über den Stoffrand.

Auch diese Bordüre hat eine zu verdeckende Schnittstelle. Legen Sie ein Satinband o.ä. zu einer Biedermeierschleife und befestigen Sie sie auf dem Schnittpunkt.
Dazu legen Sie den Stoff zu einer Schleife, um die Länge zu bestimmen (s. Zeichnung S. 61).
Befestigen Sie die Mitte durch ein paar Nähsti-

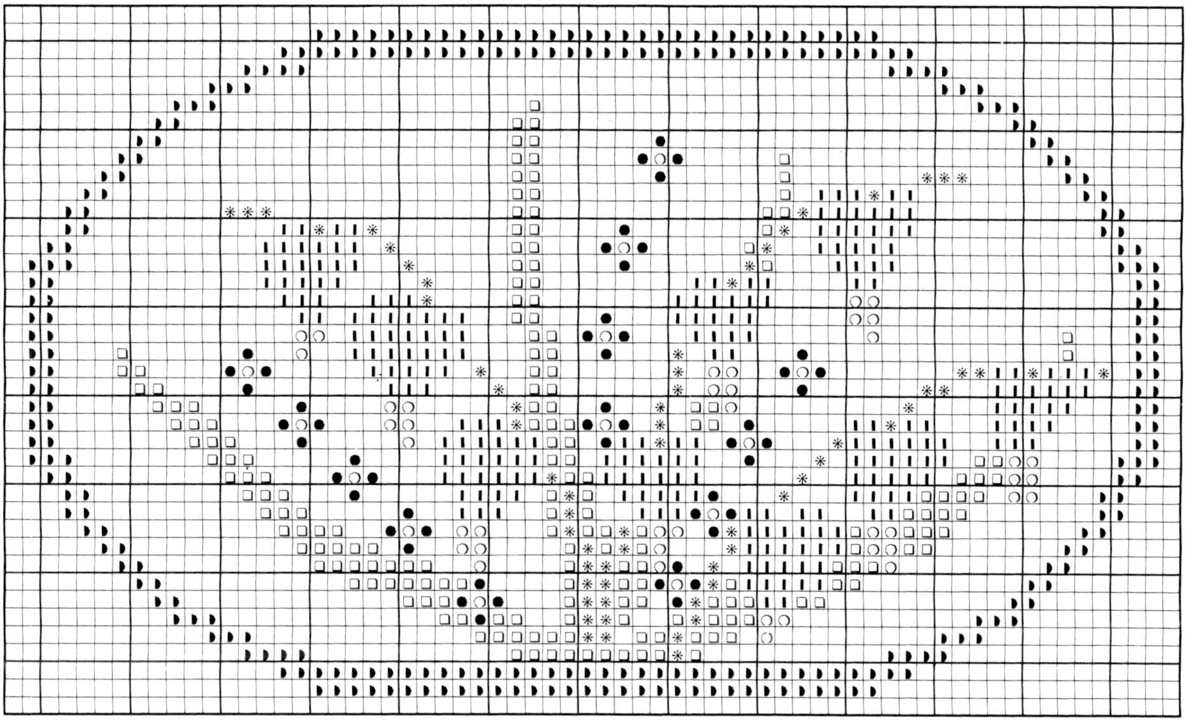

che. Mit einem Sticktwistfaden o.ä. raffen Sie die Mitte zusammen, so daß die Nähstiche nicht mehr zu sehen sind. Ganz nach Geschmack können Sie es bei diesem Sticktwistfaden belassen oder aber ein schmales Taft-, Satin-, Schrägbändchen o.ä. darüberlegen.
Auf diese Weise werden auch die „Herzlich willkommen"-Schleifen, die man oft in Eingangsbereichen findet, gebunden.

Zeichenerklärung:

	MEZ	DMC	
◗ =	Nr. 167	598	hellblau
❑ =	Nr. 877	502	dunkelgrün
✱ =	Nr. 875	503	grün
● =	Nr. 301	745	gelb
I =	Nr. 95	211	flieder
O =	Nr. 98	553	lila

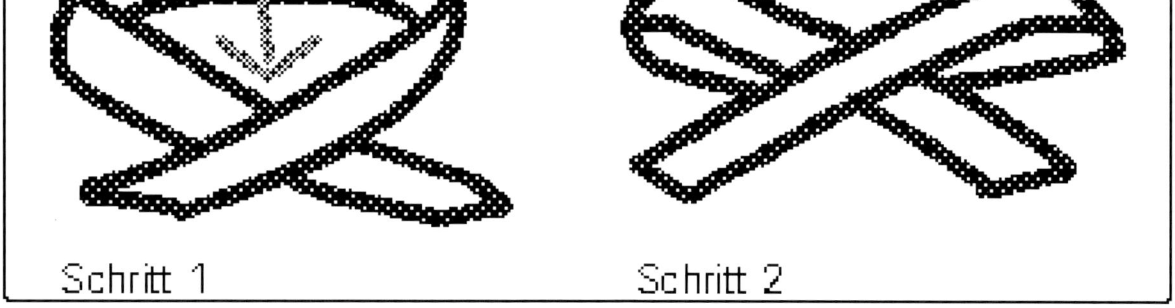

3.8.2 Kreuzstich-Mitteldecke

Diese Mitteldecke mit dem sich wiederholenden, blauen Motiv paßt in die Küche sowie in den Wohnbereich.

Gearbeitet wurde auf Darlington-Stoff mit eingewebten Stickkästchen im Aida-Stil mit Sticktwist in Dunkelblau (MEZ Nr. 123/DMC Nr. 792).

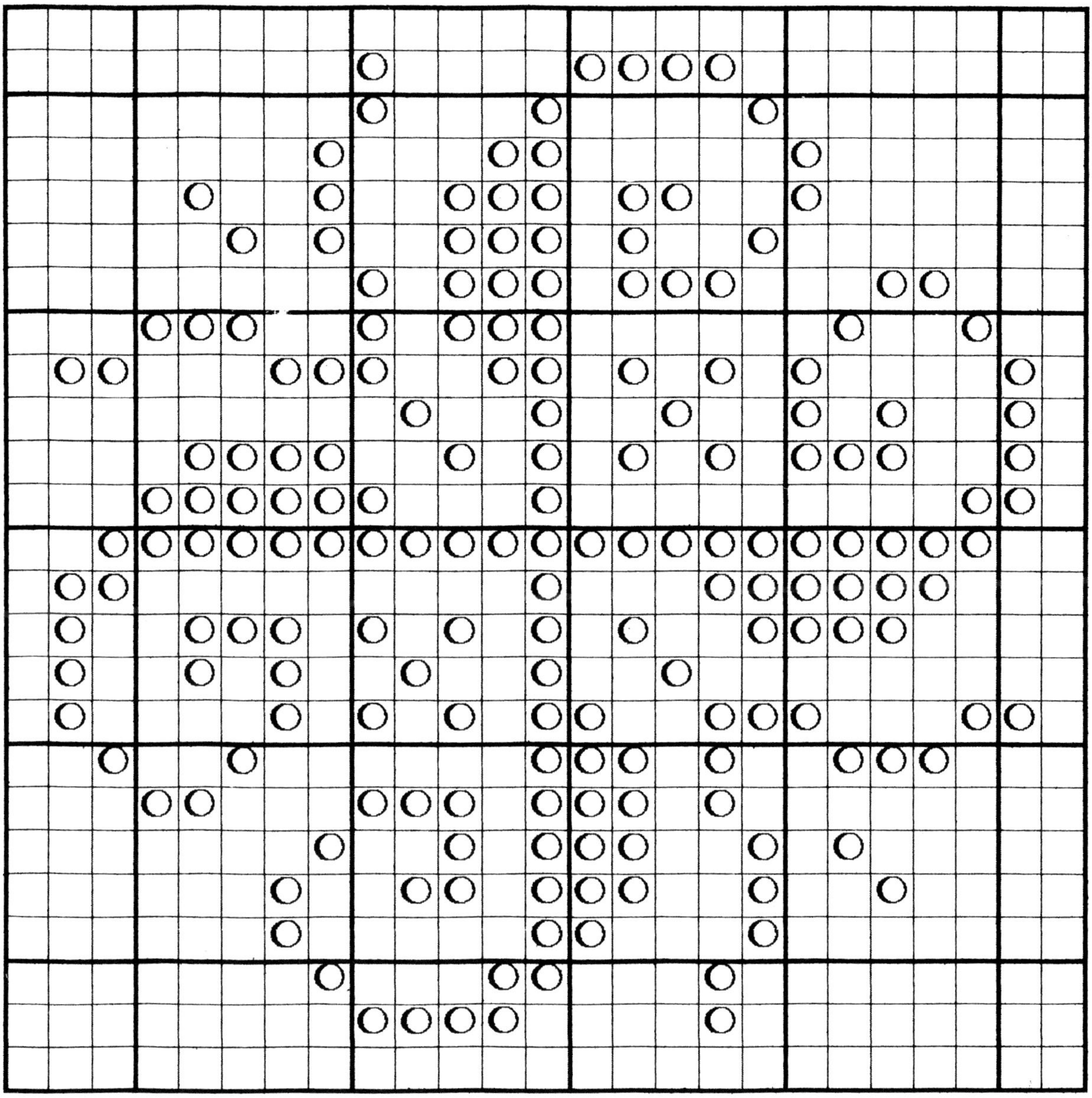

Die Größe können Sie individuell ihrem Möbelstück anpassen. Achten Sie beim Kauf nur darauf, daß man Ihnen den Stoff so abschneidet, daß Sie gleichmäßig hinter den Stickeinsätzen den Saum umlegen können. Der zu bestickende Einsatz weist in Höhe und Breite je 25 Kästchen auf. Beginnen Sie mit den Kreuzstichen (siehe Kapitel „Stickstiche") in der mittleren Reihe des Motivs. Jedes „o" der Stickschrift entspricht einem Kreuzstich.

Da das Motiv sich zu den Seiten hin unterschiedlich darstellt, achten Sie darauf, daß die Verschnörkelungen jeweils in die gewünschte Richtung zeigen.

3.8.3 Alpenveilchen

Der Korb mit den Alpenveilchen ist auf einem sehr rustikalen Stoff gearbeitet, und auch hier kommt der Kreuzstich gut zur Geltung.
Ob grob oder fein ist nicht nur eine Frage der Augen, sondern auch Geschmackssache. Ich möchte Ihnen beide Variationen vorstellen. Natürlich läßt sich dieses Motiv auch auf einem feineren Stoff arbeiten.

Cyclamen persicum – so lautet der lateinische Name des Alpenveilchens – gehört zu den beliebtesten blühenden Topfpflanzen. Die Wildform, die sich von der uns bekannten Art um einiges unterscheidet, ist im Mittelmeergebiet beheimatet. Unsere Züchtungen haben die verschiedensten Farben hervorgebracht: Weiß, Hell- und Dunkelrot, Violett-gestreift und unifarben. Unser Motiv zeigt

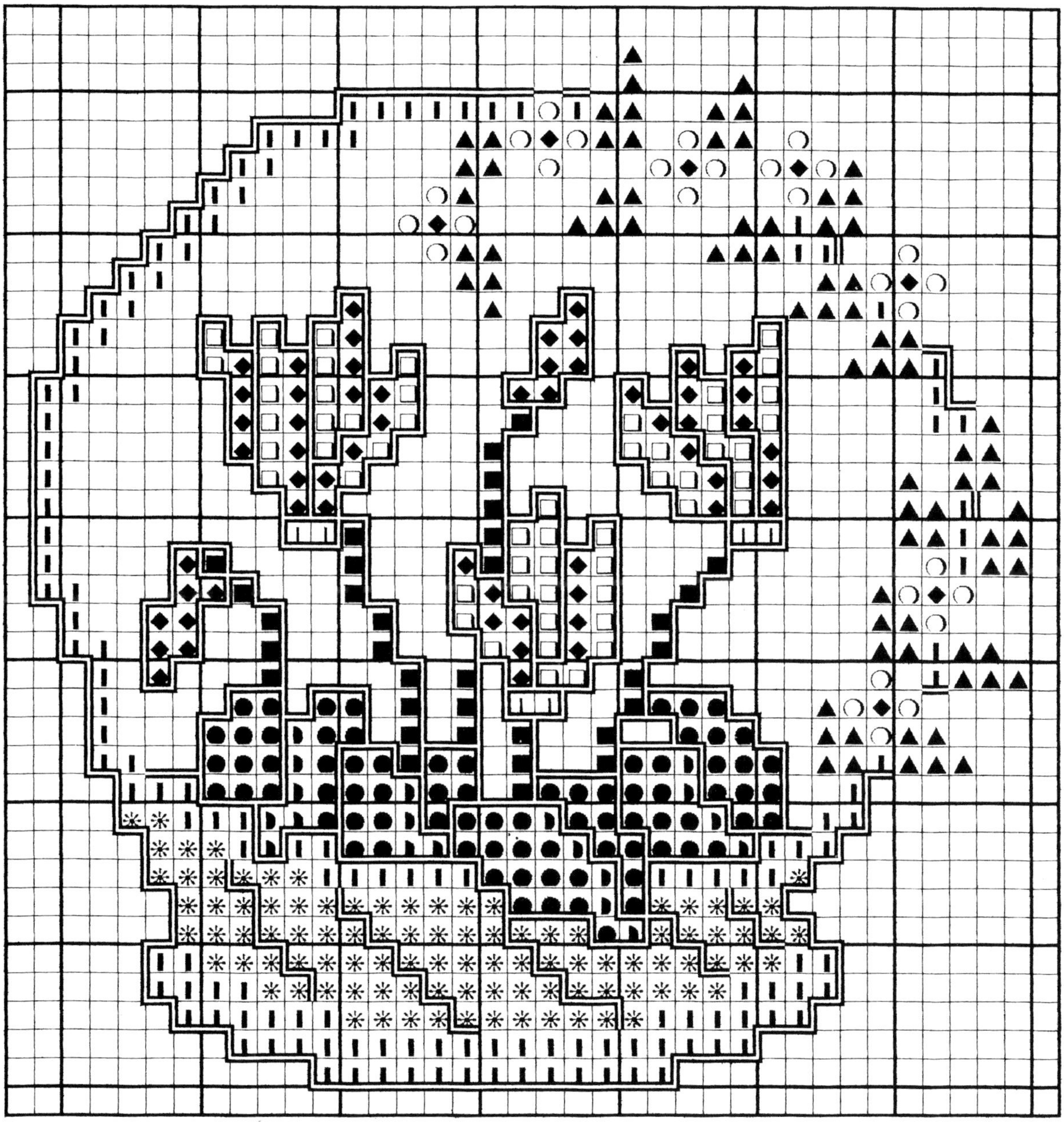

die ursprünglichste der mir bekannten Farben.
Material: Stoff Palisade je nach Bedarf und Sticktwist in den Farben Braun, Gelb, Fuchsia, Hellgrün, Hellbraun, Fuchsia dunkel, Rosa, Grün, Dunkelgrün, Grau und Schwarz (MEZ 403/DMC 310).
Sticken Sie sechsfädig über 2 x 2 Gewebefäden im Kreuzstich. Ein Kästchen der Stickschrift entspricht einem Kreuzstich.
Der eingezeichnete Steppstich (Doppellinie) wird in der Länge eines Kreuzstiches in Schwarz gearbeitet.

Zeichenerklärung:

	MEZ	DMC	
▌	= Nr. 906	370	braun
❍	= Nr. 300	745	gelb
◆	= Nr. 77	3687	fuchsia
▲	= Nr. 206	564	hellgrün
■	= Nr. 391	3033	hellbraun
ǀ	= Nr. 69	335	fuchsia dunkel
❑	= Nr. 75	604	rosa
●	= Nr. 214	368	grün
◗	= Nr. 216	320	dunkelgrün
✳	= Nr. 397	3024	grau

3.8.4 Gute-Nacht-Borte

Kreuzstichstickereien sind auch für Kinder sehr attraktiv, weil mit dieser Stickart spezifische Motive gearbeitet werden können, die auch diese Altersgruppe ansprechen. Die abgebildete Borte eignet sich gut für einen Kinderwagenbezug oder zur Verzierung von Bettwäsche.
Im Kinderwagenalter achten natürlich mehr die Großen als die Kleinen auf die schöne Decke, doch auf Kinderbettwäsche aufgenäht gibt es auch für Einjährige schon einiges zu entdecken. Die Inschrift können Sie in diesem Fall mit Hilfe des vollständigen Alphabetes beliebig erweitern: „Gute Nacht, Miriam" oder „Schöne Träume, kleiner Spatz" oder „Schlaf gut, liebe Christine". Bei längeren Schriftzügen sollten Sie einige Sterne über oder unter die Buchstaben plazieren. Wenn der Platz auf Ihrer Borte es zuläßt, setzen Sie ebenfalls einige Luftballons dazwischen, eventuell in verschiedenen Farben, denn Kinder lieben es bunt.
Material: weiße Zweigart-Borte mit 42 vorgewebten Kästchen im Aida-Stil in der Breite und Sticktwist in den Farben Blau, Goldgelb, Schwarz, Grün, Flieder, Gelb, Rosa, Dunkelrosé, Blaugrün und Fuchsia.
Die eingezeichnete dicke Linie wird im schwarzen Steppstich gearbeitet.

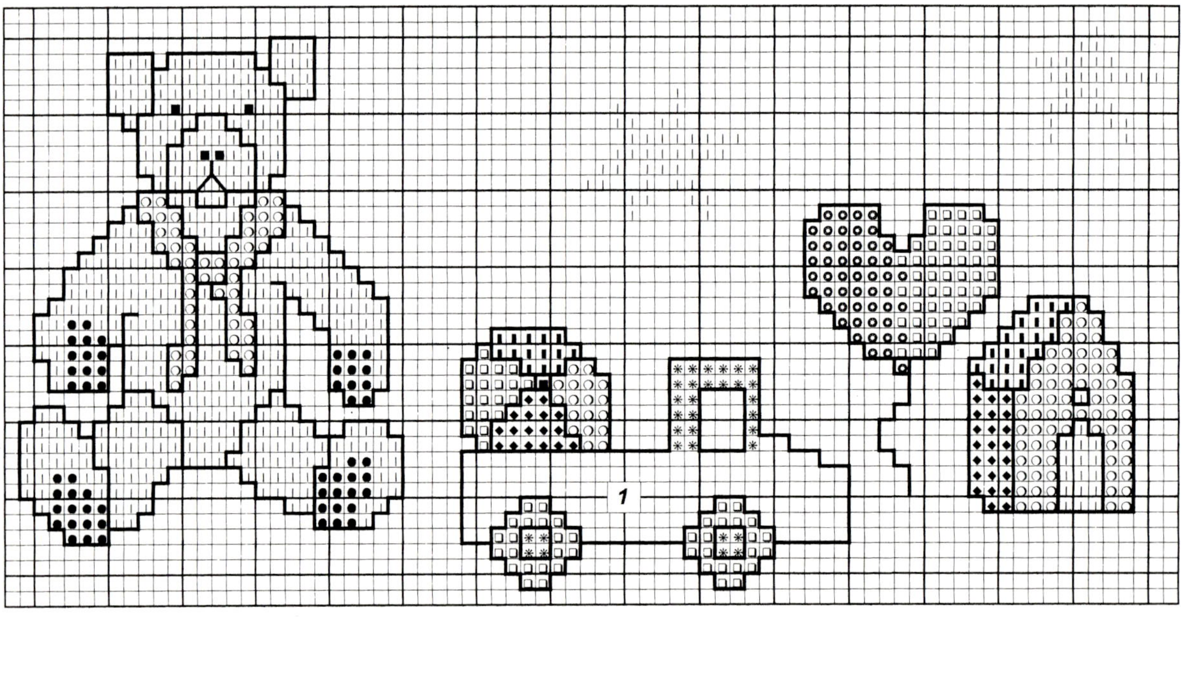

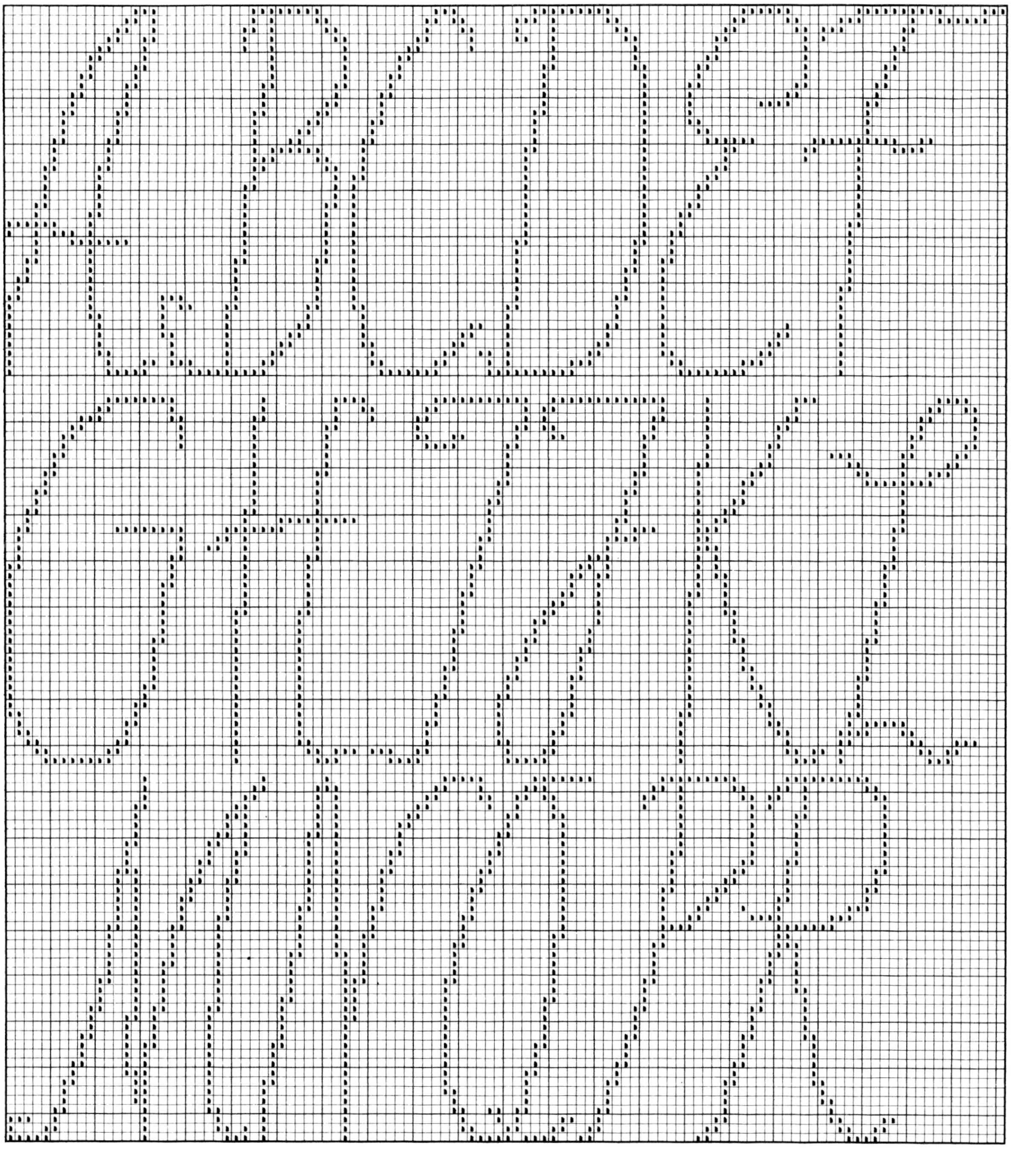

Zeichenerklärung

	MEZ	DMC			MEZ	DMC	
1 u. ◗	= Nr. 978	322	blau	✳	= Nr. 295	726	gelb
I	= Nr. 311	743	goldgelb	❑	= Nr. 95	211	rosa
■	= Nr. 403	310	schwarz	◆	= Nr. 68	3687	dunkelrosé
❍	= Nr. 186	969	grün	▮	= Nr. 433	996	blaugrün
●	= Nr. 870	3042	flieder	❂	= Nr. 89	718	fuchsia

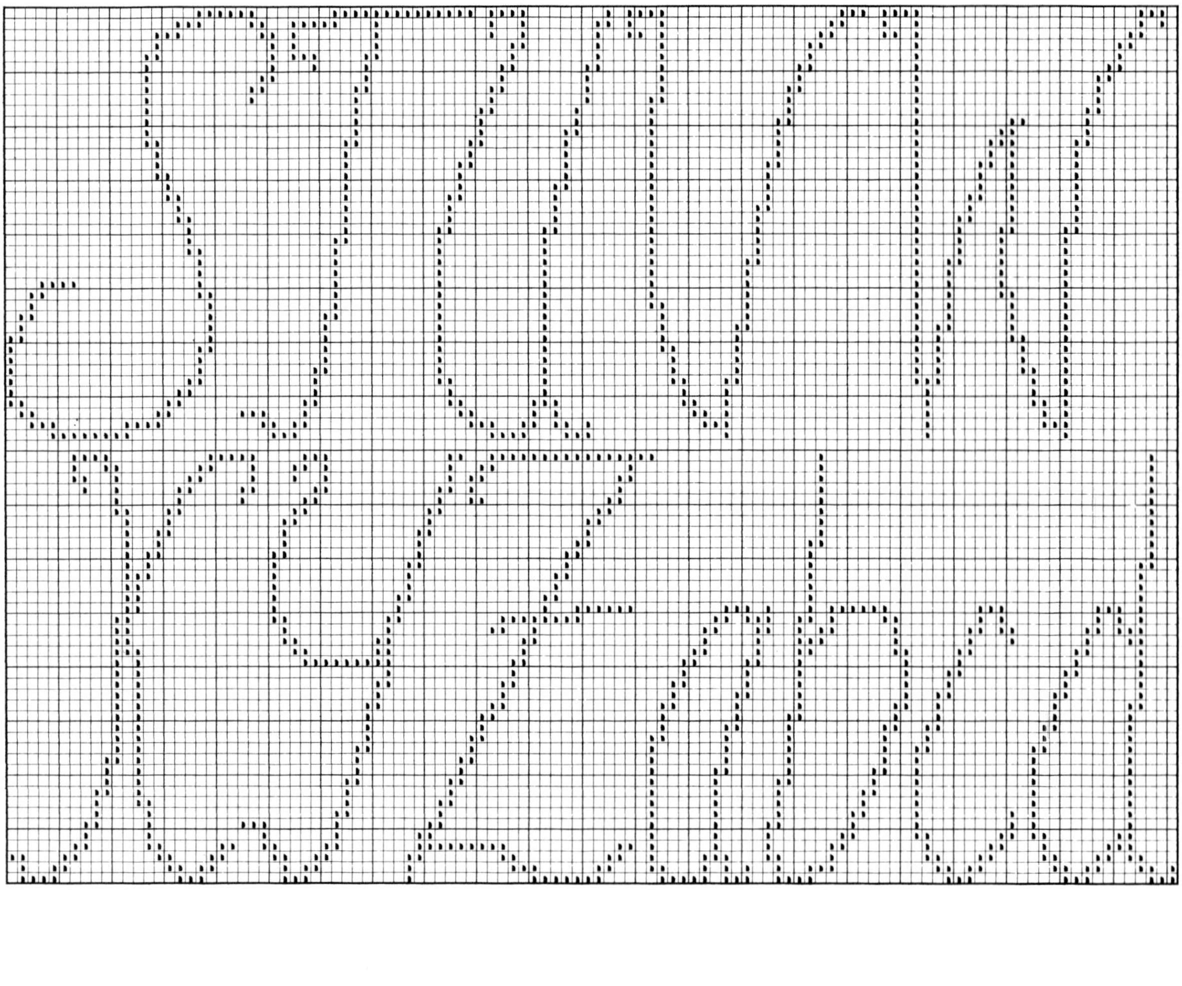

Alte Wäscheschrankborte, handgewebtes Linnen

Tischdecke mit Kreuzstichmuster

3.9 Lochstickerei

Die Lochstickerei gehört in die Gruppe der Weißstickereien. Wie dieser Name schon sagt wurde sie ursprünglich mit weißem Garn auf weißem Stoff gearbeitet.
Im Laufe der Jahre griffen Sticker/innen immer öfter zu pastellfarbenen Garnen. Auf weißem Stoff ist die Wirkung meist noch schöner. Allerdings ist die Farbe, die durch die Löcher hindurchscheint, der Untergrund also, ganz wichtig. Eine Weiß in Weiß gearbeitete Mitteldecke auf einer farbigen Unterdecke ist und bleibt ein gestickter Traum für Fans.
In der ersten Hälfte unseres Jahrhunderts gehörte die Lochstickerei mit zu den beliebtesten Nadelarbeiten. Viele Stücke sind noch gut erhalten, so wie die abgebildeten Kissenbezüge oder das Kinderlätzchen.
Kombiniert werden die Bindlöcher, die dieser Stickart ihren Namen geben, meistens mit Plattstichmustern und Schling- oder Langettenstichen.
Auf der Insel Madeira wird die Lochstickerei besonders kunstvoll ausgeführt. So spricht man gelegentlich auch von Madeira-Stickerei.

Anwendungsmöglichkeiten
Kleidungsstücke, Tischwäsche, jegliche Einsatzarbeiten, Borten und Spitzen, Bettwäsche.

Arbeitsmaterial
Für Weißsticharbeiten sollten Sie eine gute Stoffqualität wie Satin Royal (100% Baumwolle, merceriert) oder Kingston (220 Fäden auf 10 cm, 100% Leinen) wählen. Benutzen Sie eine Sticknadel mit Spitze und mittleres bis feines Vierfachstickgarn. Da die Motive zwecks guter Orientierung aufgebügelt werden sollten, besorgen Sie sich einen Bügelstift (Handarbeitsgeschäft) und Transparent- oder Seidenpapier.
Wenn Sie die Bindlöcher mit Plattstichmotiven kombinieren möchten, benötigen Sie einen Stickrahmen.

Sticharten
Bindlochstich, Plattstich, Schling- oder Langettenstich.

Ausführung
Zeichnen Sie mit Hilfe Ihres Transparentpapiers und Ihres Bügelstiftes die Konturen des gewünschten Motivs nach. Beachten Sie dabei, daß die Zeichnung spiegelverkehrt sein muß. Da Sie auf der Oberseite des Papiers zeichnen, erscheint das Bügelmuster entgegengesetzt auf Ihrem Stoff. Unter Umständen müssen Sie Ihre Motive also mit Hilfe von Transparentpapier zweimal abzeichnen.
Bei Anwendung des Bindlochstiches (s. Kapitel „Stickstiche") sollten Sie immer ohne Stickrahmen arbeiten, damit das Gewebe nicht so sehr nachgibt.
Kombinieren Sie Ihre Arbeit allerdings mit Plattstichmotiven, ist bei diesen Stichen der Rahmen einzusetzen, damit Sie ein sauberes Stickbild erreichen. Wenn Sie „freihändig" arbeiten, wird entweder der Stoff zusammengezogen oder die Stickstiche legen sich schief.
So sind die verschiedenen Stiche also nacheinander zu sticken.
Die Bindlöcher sollten nicht zu groß gestaltet werden, denn sonst werden sie nicht rund, sondern unregelmäßig.

Pflege
Bevor Sie Ihr gutes Stück in die Waschmaschine geben, sollten Sie es in einen alten Kissenbezug oder ein Säckchen stecken. Locharbeiten sollten nicht geschleudert werden, um eventuelle Lochbeschädigungen zu vermeiden. Zum Trocknen legen Sie Ihre Stickerei auf ein Handtuch.
Auch beim Bügeln sollten Sie sich ein Tuch darüberlegen, damit das Eisen nicht in den Löchern hängenbleibt.

Kissenbezüge mit Lochstickerei, ca. 1900

O = Bindlochstich
L = Langetten/Schlingstich
P = Plattstich

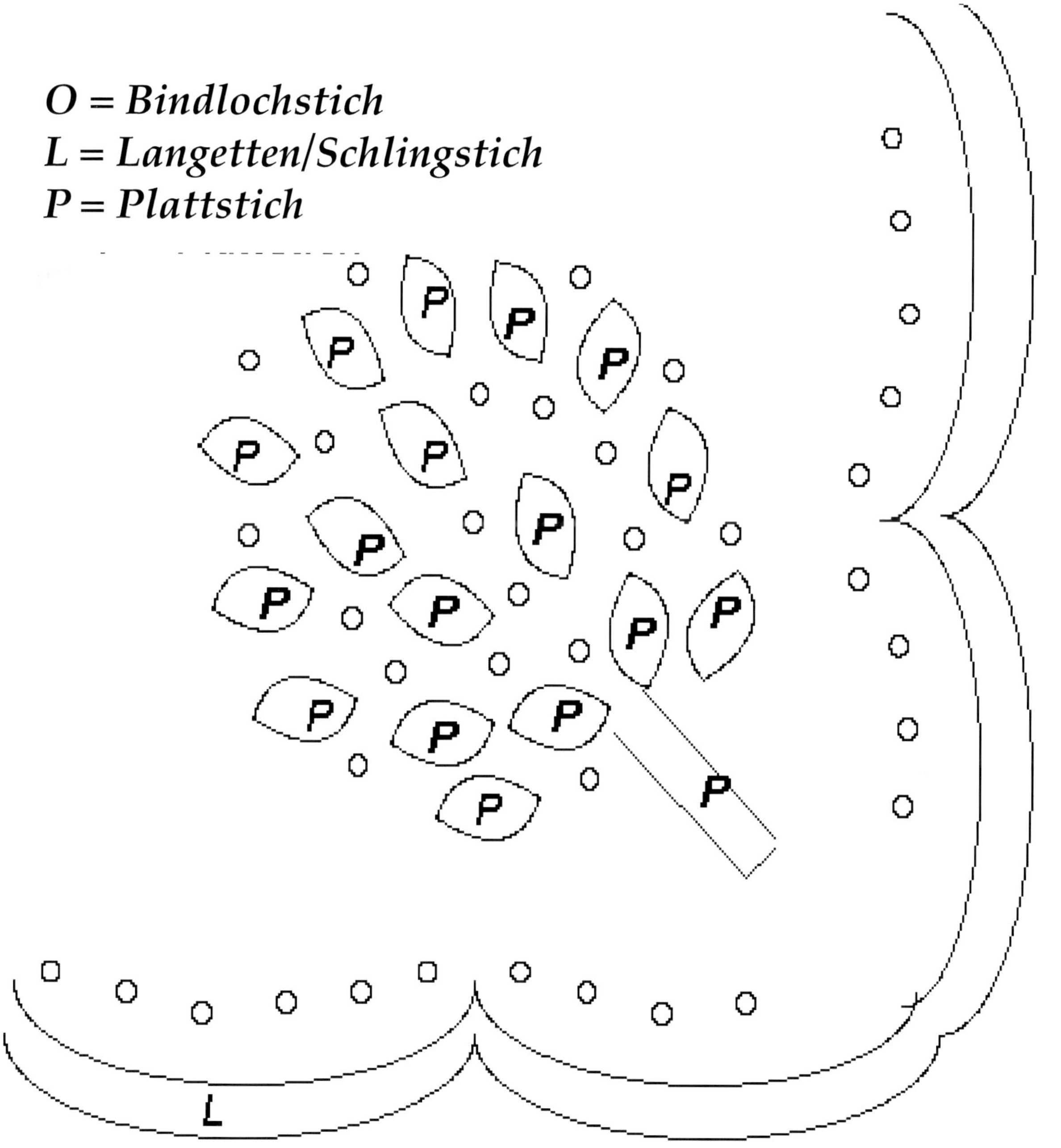

Bügelmustervorschlag für Lochstickerei

Kinderlätzchen, ca. 1890

3.10 Nadelmalerei

Nadelmalerei ist der Sammelbegriff für einfarbiges oder buntes Sticken nach einer Zeichnung auf einem glatten Gewebe. Gelegentlich findet man auch im gleichen Zusammenhang den Begriff Buntstickerei (Kombination verschiedener, farbig gearbeiteter Stickstiche), obwohl für reine Buntstickerei meines Wissens ein Zählstoff erforderlich ist.
Die Vorzeichnung wird meistens in Form eines Bügelmusters auf den Stoff gebracht. Im Handel erhältlich sind auch bedruckte, umsäumte Tischdecken. Nadelmalerei gehört in die Kategorie „freies Sticken". Beide Begriffe sagen schon einiges über diese Stickart aus. Von allen Stickarten kommt sie der Malerei am nächsten. Durch ineinandergestickte, verschiedenfarbige Plattstiche lassen sich Farbschattierungen darstellen, die sonst bei Stickarbeiten kaum möglich sind.
Durch die vielen verschiedenen Sticharten, die Anwendung finden, lassen sich geometrische Formen sowie geschwungene Linien darstellen. Der Motivwahl sind keine Grenzen gesetzt. Ob Blüten, Blätter, Landschaften, Kreise oder Quadrate – die Nadelmalerei läßt Ihnen freie Wahl. Sie können sogar eine Kinderzeichnung gestickt verewigen.

Anwendungsmöglichkeiten

Jegliche Art von Verzierungen auf Kleidungsstücken, Tischwäsche, Einlegearbeiten, Handtüchern, Gebrauchsgegenständen . . .

Arbeitsmaterial

Da die Nadelmalerei nicht fadengebunden gestickt wird, können Sie feinstgewebte Stoffe verwenden. Hier ein paar Beispiele: Carrick (55% Leinen/45% Baumwolle, weiß), Satin Royal (100% Baumwolle, merceriert, 15 Farben), Edinburgh (100% Leinen, weiß, creme, beige, 140 Fäden per 10 cm), Batist (100% Baumwolle, weiß), Leinenbatist (100% Leinen, merceriert, weiß) oder Salamanca (55% Baumwolle/45% Viskose, weiß und beige).
Die Sticknadel (mit Spitze) passen Sie der Stoffbeschaffenheit und dem verwendeten Garn an. Für die Nadelmalerei empfiehlt sich Sticktwist, der sich je nach Beschaffenheit des Stoffes und des gewünschten Motivs teilen läßt.

Sticharten

Stielstich, Kettenstich, Steppstich, Spannstich, Spaltstich (ineinandergreifende Plattstiche), Margeritenstich, Zweigstich, Knötchenstich, Plattstich, Schlingstich, Steppstich.

Ausführung

Motive übertragen

Für die Übertragung von Motiven auf den zu bearbeitenden Stoff gibt es verschiedene Möglichkeiten. Vielen Zeitschriften liegen Bügelmuster bei. Das ist natürlich die einfachste Methode, das gewünschte Motiv auf den Stoff zu kopieren, eignet sich aber nur bei Verwendung eines hellen Gewebes.
Legen Sie das Bügelmuster mit der Beschriftung nach unten auf Ihren Stoff, und bügeln Sie mit der höchstmöglichen Temperatur darüber. Schieben Sie dabei das Bügeleisen nicht hin und her, sondern drücken Sie es nur auf. Diese Bügelbögen sind mehrfach zu verwenden.
Sie können sich einen solchen Bogen aber auch selbst herstellen: Übertragen Sie sich das Motiv auf Transparent- oder Seidenpapier. Spiegelverkehrt malen Sie nun mit einem Bügelstift (Kaufhäuser, Fachhandel) die Konturen nach. Dieses Papier ist Ihr Bügelmuster.
Für die Motivübertragung auf dunklen Stoff benutzen Sie im Fachhandel erhältliches Kopierpapier, das es auch in hellen Farben gibt. Zuerst übertragen Sie die Zeichnung der gewünschten Stickerei wieder auf Transparentpapier. Das Kopierpapier wird auf den Stoff gelegt, die Zeichnung darüber. Mit einem Bleistift zeichnen Sie nun die Linien nach, und die Konturen erscheinen auf Ihrem Stoff.
Bei einem flauschigen Stoff wie beispielsweise Frottee ist das Aufbügeln nicht möglich, weil die hochflorigen Fasern die Farbe schlecht oder nur verwischt annehmen. In diesem Fall nehmen Sie Organza, Voile o.ä. zu Hilfe. Das Motiv wird darauf übertragen, mit Saumzugabe ausgeschnitten und auf den zu bestickenden Stoff geheftet. Nach dem Aussticken der Zeichnung ziehen Sie die Einzelfäden des untergelegten Stoffes nach und nach wieder heraus.

Freie Nadelmalerei mit Hohlsaum, ca. 1900

Motive vergrößern/verkleinern

Zeichnen Sie über das von Ihnen ausgewählte Motiv ein Raster. Aus Übersichtsgründen bezeichnen Sie die Felder mit Buchstaben und Nummern.

Nun fertigen Sie ein zweites Quadratmuster mit entsprechend größeren bzw. kleineren Feldern an und zeichnen nach dem Muster des ersten Rasters Feld für Feld nach.

3.10.1 Blumenarrangement

Bei der Nadelmalerei ergibt die Kombination verschiedenartiger Stickstiche ein interessantes Erscheinungsbild, denn manche der darzustellenden Formen entsprechen dem Aussehen des Stiches. Das wird besonders deutlich bei dem Margeritenstich, mit dem die Kornähren gestickt sind. Auch die Knötchenstiche machen es einfach, kleine Blüten wie beispielsweise bei dem Lavendel nachzubilden.

Das Blumenarrangement kommt in den Ecken einer Tischdecke oder aber als Bild in einem ovalen Passepartout sehr schön zur Geltung.

Sie benötigen zum Nachsticken einen Stickrahmen, einen Bügelstift, einen Bogen Transparent- oder Seidenpapier, Satin Royal in Weiß und Sticktwist in den Farben Flieder (MEZ Nr. 970/DMC 316), Flieder hell (MEZ Nr. 869/DMC 3042), Gelb (MEZ Nr. 887/DMC 3046), Dunkelgrün (MEZ Nr. 216/DMC 320), Grün (MEZ Nr. 859/DMC 523), Hellgrün (MEZ Nr. 214/DMC 368), Lila (MEZ Nr. 110/208), Rosa (MEZ Nr. 76/DMC 3688) und Fuchsia (MEZ Nr. 69/DMC 335).

Schneiden Sie sich Ihren Stoff passend für Ihren Stickrahmen zurecht. Es empfiehlt sich, die Ränder mit der Nähmaschine zu umsäumen.

Stellen Sie ein Bügelmuster her (siehe „Motive übertragen"), und übertragen Sie es auf Ihren Stoff. Die abgebildete Zeichnung ist bereits spiegelverkehrt dargestellt, so daß Sie sie einfach abzeichnen können.

Der Korb wird mit Plattstichen (dreifädig) in den Farben Flieder und Flieder hell gestickt. Achten Sie dabei auf den entgegengesetzten Verlauf der Stiche, damit der Eindruck eines Geflechts entsteht.

Die darüberliegenden Blätter werden in Grün und Hellgrün von der Blattmitte aus nach außen im Plattstich gestickt.

Für die Körner der Ähren wenden Sie den Margeritenstich in Gelb an. Da Getreide in Natura durch die Grannen kein ebenmäßiges Bild abgibt, arbeiten Sie die Stickstiche in unterschiedlichen Stichlängen und ziehen den Faden mal fest, mal locker an.

Als nächstes werden die Blätter und die rosafarbenen Blüten gestickt. Die kleinen Blätter werden mit Grün von unten nach oben mit Plattstichen ausgefüllt, die Blüten mit Rosa und Fuchsia ebenso.

Für die langen Blätter nehmen Sie die Farbe Dunkelgrün und sticken den Blattverlauf quer im Plattstich.

Mit einfachen Knötchenstichen in Lila stellen Sie den Lavendel dar. Füllen Sie die eingezeichneten Flächen locker aus.

Die verschiedenen Stiele sticken Sie mit Stielstichen in Dunkelgrün.

Vollendet wird das Bild durch eine kleine Biedermeierschleife aus fliederfarbenem Satinband.

Bügelmuster

Kisseneinsatzarbeit, ca. 1900

3.11 Richelieustickerei

Richelieustickerei (auch Ausschnitt-Stickerei) gehörte ursprünglich in die Gruppe der Weißstickerei. Seit längerer Zeit verwendet man aber auch farbigen Stoff oder farbiges Garn und erzielt damit eine sehr reizvolle Wirkung.
Um die Jahrhundertwende war diese Stickarbeit sehr verbreitet. Viele Stücke aus dieser Zeit sind noch sehr gut erhalten. Sollten Sie einmal das Glück haben, eine solche Handarbeit zu bekommen, lohnt es sich immer, diese Antiquität aufzuarbeiten, vielleicht einen kleinen Kissenbezug zu nähen, sie als Einsatz zu nutzen . . .
Typisch für Richelieuarbeiten sind die offenen, geschwungenen Musterformen, umrahmt durch Schlingstiche, verbunden mit Fadenstegen, die auf farbig unterlegten Untergründen am besten zur Geltung kommen.
Wie die Weißstickerei allgemein ist die Richelieu-

stickerei eine sehr feine und damit sehr zeitaufwendige Arbeit. So wird oft auf Maschinenarbeit zurückgegriffen, die meiner Meinung nach aber nicht mit einer Handarbeit zu vergleichen ist. Der Unterschied ist für ein geübtes Auge sofort sichtbar.

Anwendungsmöglichkeiten

Einsatzarbeiten, Decken, Mitteldecken, Sets, Taufkleider, Blusen, Kragen, Kissen.

Arbeitsmaterial

Da die Richelieustickerei viel Zeit und Ausdauer kostet, sollten Sie auf eine gute Stoffqualität achten, damit Sie lange Freude an Ihrer Handarbeit haben. Verwenden Sie Satin Royal (100% Baumwolle, merceriert, 15 Farben) oder Kingston (100% Leinen, 220 Fäden per 10 cm, weiß und creme). Verwenden Sie eine Nadel mit Spitze und Vierfachstickgarn in verschiedenen Stärken.

Sticharten

Schlingstich (Langettenstich), Kreuznahtstich, Kettenstich, Vorstich.

Ausführung

Für die meisten Richelieumuster werden Bügelmuster angeboten. Sie können die Motive aber auch mit Hilfe eines Bügelstiftes selbst übertragen (siehe „Nadelmalerei, Motive übertragen"). Die schmalen Konturen werden mit Vorstichen nachgezogen, alle breiten Ränder (meist durch Doppellinien bezeichnet) sollten mit Kettenstich, Kreuznahtstich oder mehreren Vorstichreihen befestigt bzw. unterlegt werden.
Zwischen den Durchbrüchen können Stege eingearbeitet werden, die während des Unterlegens der Konturen mit gefertigt werden.
Dazu spannen Sie in der Länge des Steges ca. 3 Fäden und befinden sich mit der Nadel am Endpunkt Ihres gewünschten Steges. Die Fäden werden nun umwickelt oder mit Schlingstichen umstickt. Nach Vollendung befinden Sie sich wieder am Ausgangspunkt und fahren mit dem Unterlegen fort.
Auch ein Umstopfen ist möglich. Dazu werden vier Fäden gespannt, so daß Sie immer je 2 Fäden umfassen können.
Beim folgenden Sticken der Schlingstiche ist immer darauf zu achten, daß der geschlossene Rand der Stiche zu der Seite zeigt, an der ausgeschnitten werden soll. Erst wenn alle Musterlinien überstickt sind, kann mit dem Ausschneiden begonnen werden. Dazu wird mit einer spitzen, scharfen Schere in die Mitte des herauszutrennenden Stoffstückes ein kleines Kreuz geschnitten. Nun wird sehr vorsichtig dicht am Schlingstich- oder Langettenrand abgeschnitten.

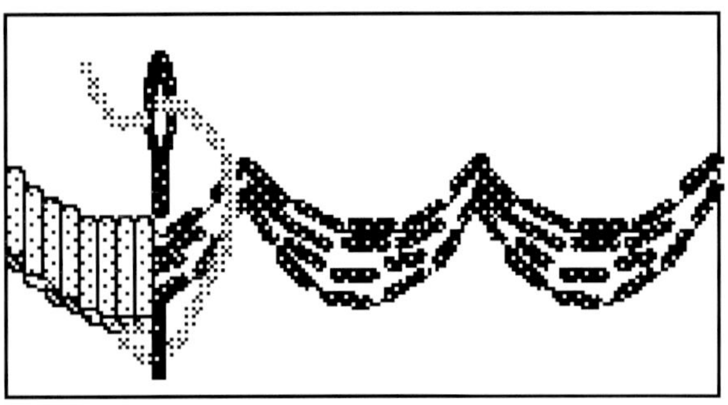

Pflege

Bevor Sie Ihr gutes Stück in die Waschmaschine geben, sollten Sie es in einen alten Kissenbezug oder ein Säckchen stecken. Richelieuarbeiten dürfen nicht geschleudert werden. Lassen Sie Ihre Stickerei auf einem Handtuch trocknen. Legen Sie beim Bügeln ein Tuch zwischen Stoff und Eisen, damit die Stege nicht versehentlich beschädigt werden.

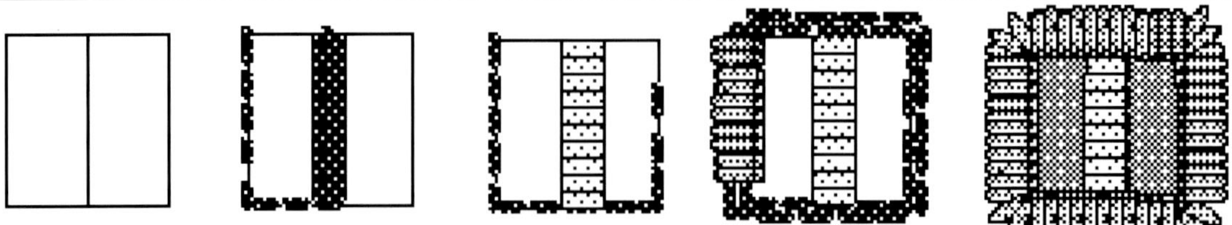

Vorzeichnung — Vorstichumlegung und Stege spannen — Umwirbeln und weitere Vorstiche — Schlingstichumrandung — Heraustrennen des Stoffes

3.11.1 Richelieu-Decke

Dieses schöne Richelieumuster wurde auf 38 x 38 cm Kingston-Reinleinen gearbeitet. Weiterhin benötigen Sie vier Dg. Vierfachstickgarn Nr. 25 in Weiß (MEZ Nr. 1, DMC Nr. B 5200), eine Dg. Vierfach-Stickgarn Nr. 20 in Weiß (MEZ Nr. 1, DMC Nr. B 5200), Sticktwist in Weiß (MEZ Nr. 1/DMC blanc 5200).
Legen Sie Transparent- oder Seidenpapier auf die abgebildete Musterzeichnung, und zeichnen Sie die Linien mit einem Bügelmusterstift (Fachhandel) nach. Nun übertragen Sie das Bügelmuster mit Hilfe eines Bügeleisens auf den Stoff. Vermeiden Sie ein Hin- und Herfahren des Eisens, damit die Zeichnung nicht verwischt.
Alle Musterränder werden mit einem zweifädigen, weißen Sticktwistfaden unterlegt. Bei den schmalen Rändern sind Vorstiche ausrei-

Bügelmuster

chend, bei den Außenrändern wird zusätzlich noch ein Kettenstich in die Mitte eingelegt.
Als nächstes werden die Stege gearbeitet: Spannen Sie drei Fäden mit dem Vierfach-Stickgarn Nr. 25 in Weiß über den späteren Ausschnitt eines Lochmusters. Zur besseren Stabilität haken Sie in einen bereits gearbeiteten Vorstich ein. Die drei gespannten Fäden werden mit Sching- oder Langettenstichen überstickt. Nach dem Arbeiten des Steges kommen Sie durch die ungerade Anzahl vorgespannter Fäden automatisch wieder zum Ausgangspunkt zurück und können mit dem Unterlegen bis zum nächsten Steg fortfahren.
Übersticken Sie nun alle Konturen mit Langettenstichen. Der geschlossene Rand des Stiches muß zu dem Stoffrand zeigen, der später ausgeschnitten werden soll. Bei diesen Stichen erfassen Sie nochmals die Enden der Stege, um sie ein weiteres Mal zu verankern.
Die eingezeichneten Löcher werden mit dem Bindlochstich gearbeitet (s. Kapitel „Stickstiche“).
Die Blattrippen werden durch einen sehr

feinen Stielstich gekennzeichnet, die äußeren Ränder der Blätter bis zum Saum mit Langettenstichen umrandet. Diesmal liegen die geschlossenen Ränder des Stiches am Außenrand, denn sie werden nicht ausgeschnitten.
Die Stickarbeit abschließend werden der Außenrand und die Blätter an den Ecken mit Vierfach-Stickgarn Nr. 20 mit Langettenstichen umrandet. Das dickere Garn läßt diesen Teil der Arbeit plastischer erscheinen.
Sind alle Musterlinien überstickt, können Sie mit dem Ausschneiden beginnen. Zunächst wird der Stoff mit einer feinen Handarbeitsschere von der rechten Seite über Kreuz eingeschnitten. So wird kein Steg beschädigt.
Klappen Sie nun die entstandenen Stoffetzen zur unteren Stoffseite, und trennen Sie den Stoff entlang der Langettenstiche sorgfältig heraus.

3.12 Schattenstickerei

Wie der Name schon sagt: Bei dieser Art der Stickerei stehen die Schatten der Nadelarbeit im Vordergrund.
Das Garn muß durch den Stoff durchscheinen, und diese Wirkung soll die Motive darstellen.
Die Schattenstickerei (oder Pikeetechnik) ist nicht schwer auszuführen, doch sie erfordert ein gewisses Maß an Einfühlungsvermögen für den Stoff und die bestmögliche Weise, die vorgegebenen Flächen zu füllen.
Ursprünglich gehörte die Schattenstickerei vermutlich zur Weißstickerei. Die Schatten kommen aber mit farbigem Garn auf weißem Stoff oder umgekehrt am besten zur Geltung.
Die Stoffe müssen sehr leicht bzw. dünn sein, damit das Garn sich auf der Vorderseite optisch absetzen kann.
Es kann auch auf der linken Seite des Gewebes gestickt werden. Das durchscheinende Garn zaubert ein duftiges, zartes Stickbild.

Anwendungsmöglichkeiten
Deckchen, Mitteldecken, Taufkleider, Kinderwagendecken, Taschentücher, Sets.

Arbeitsmaterial
Für Schattenstickereien sind nur feine, möglichst durchscheinende Gewebe geeignet wie Voile, Edinburgh (100% Leinen, 140 Fäden per 10 cm), Batist (100% Baumwolle) oder Leinen-Batist (100% Leinen merceriert). Gestickt wird mit Sticktwist und einer Nadel mit Spitze im Stickrahmen.

Sticharten
Kreuznahtstich, Steppstich, Stielstich, Plattstich, Schlingstich als Saumbefestigung.

Ausführung
Schattenstickereien werden nach Bügelmustern, nach einer Bleistiftzeichnung oder nach einer Musterübertragung mit einem Kopierstift (siehe „Nadelmalerei, Motive übertragen“) gearbeitet.
Beim Sticken haben Sie die Wahl, auf der rechten oder auf der linken Seite des Stoffes zu arbeiten.
Linke Seite: Beginnen Sie an der engsten Stelle eines Motivs. Sticken Sie im Stickrahmen dicht nebeneinanderliegende Kreuznahtstiche (siehe Hexenstich, Kapitel „Stickstiche“). Die Ein- und Ausstichstellen richten sich nach der Vorzeichnung. Auf der Vorderseite erscheinen sichtbar Steppstiche, und die unter dem Stoff liegenden Querstiche scheinen durch.
Rechte Seite: Arbeiten Sie im Stickrahmen Steppstiche an den Konturen Ihres Motives entlang. Dabei wechseln Sie ständig von einem Konturenrand zum anderen. Auf der Rückseite entstehen Hexenstiche, und es ergibt sich das bereits beschriebene Stickbild.
Für einige Motive wie Blüten und Blätter werden auch Stielstich und Plattstich eingesetzt. Richten Sie sich in diesem Fall nach Ihrer Arbeitsanweisung.

Pflege
Schon die feinen Stoffe verlangen eine vorsichtige Behandlung. Waschen Sie Ihre Stickarbeit mit der Hand oder im Schonwaschgang Ihrer Waschmaschine in einem Säckchen oder Kopfkissenbezug. Am besten trocknet das gute Stück auf einem Handtuch.

3.12.1 Sumpfdotterblumen

Dieses Motiv paßt wunderbar in die Ecken einer Tischdecke oder auf einen Kinderwagenkissenbezug. Gestickt wurde auf luftigem Leinenbatist mit Sticktwist in den Farben Blau (MEZ Nr. 146/DMC 798), Hellblau (MEZ Nr. 117/DMC 341), Grün (MEZ Nr. 876/DMC 502), Gelb (MEZ Nr. 301/DMC 745), Orange (MEZ Nr. 302/DMC 743) und Braun (MEZ Nr. 914/DMC 3064). Schneiden Sie sich Ihr Stoffstück zu, und sichern Sie die Kanten mit Zickzackstichen.
Nun übertragen Sie die Zeichnung mit einem Bügelmusterstift (Fachhandel) auf ein Stück Seiden- oder Transparentpapier. Das entstandene Bügelmuster bringen Sie mit Hilfe eines Bügeleisens auf den Stoff auf (siehe „Nadelmalerei, Motive übertragen“) und spannen das auszustickende Motiv in den Stickrahmen.
Mit Ausnahme des Knotens und des optisch

hintenliegenden Bereichs werden die Flächen der Schleife sechsfädig mit Hellblau ausgestickt. Wahlweise können Sie auf der rechten Seite mit Steppstichen (im Wechsel zu den gegenüberliegenden Linien) oder auf der linken Seite des Stoffes mit Kreuznahtstichen arbeiten. Ich empfehle die erste Methode, um Unregelmäßigkeiten sofort zu erkennen.
Auf die gleiche Weise verfahren Sie mit den Blättern in Grün, den Knospen in Orange, den Blütenblättern in Gelb und den Blütenmitten in Braun.

Neben dem Kreuznahtstich bzw. Steppstich werden außerdem der Stielstich und der Plattstich (siehe Kapitel „Stickstiche") verwendet. Beide werden auf der rechten Seite des Stoffes gearbeitet und sind damit auch von oben sichtbar. Die noch nicht erstickten Konturen der bereits ausgestickten Motiveinzelteile werden in der jeweils gleichen Farbe im Stielstich gearbeitet, die Blütenstengel in Braun.
Mit Plattstichen füllen Sie den Schleifenknoten in Hellblau und den optisch innenliegenden Bereich der Schleifenbindung in Blau aus.

Bügelmuster

Weißstickereidecke mit Bindlocheinsätzen und Plattstichverzierungen

3.13 Weißstickerei

Als Weißstickerei werden ursprünglich verschiedene Sticktechniken bezeichnet, die Weiß in Weiß gearbeitet wurden. In diesem Sinne ist der Name heutzutage nicht mehr zutreffend, denn es werden für diese Arbeiten auch farbige Garne und Stoffe verwendet. In Anlehnung an die alte Verfahrensweise beschränkt man sich allerdings meistens auf helle Pastellfarben.
Zu den typischsten und bekanntesten Arten der Weißstickerei zählen Flach- und Hochstickerei, Lochstickerei, Langettenstickerei und Richelieustickerei.
Diese Stickarbeiten sind wunderschön, aber sehr zeitaufwendig, mühselig und erfordern ausgezeichnete Augen. So wird die Ausübung der Weißstickerei, angesichts der günstig zu erwerbenden Maschinenarbeiten, immer mehr in den Hintergrund gedrängt. Da die Arbeitstechniken der erwähnten, verschiedenen Arten sich untereinander ähneln, sind in diesem Buch ausführlich die Richelieu- und die Lochstickerei beschrieben.

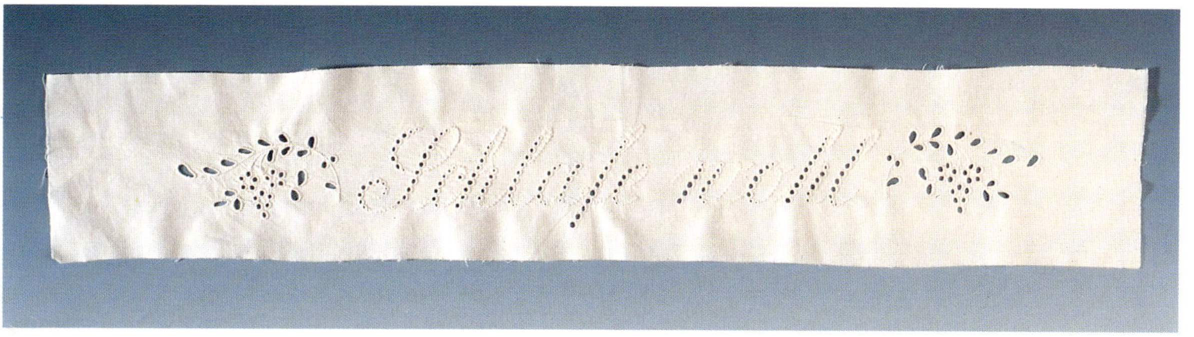

Bettwäscheeinsatz mit Lochstickerei

Altes Taschentuch mit Häkelborte

Unterkleid, ca. 1890

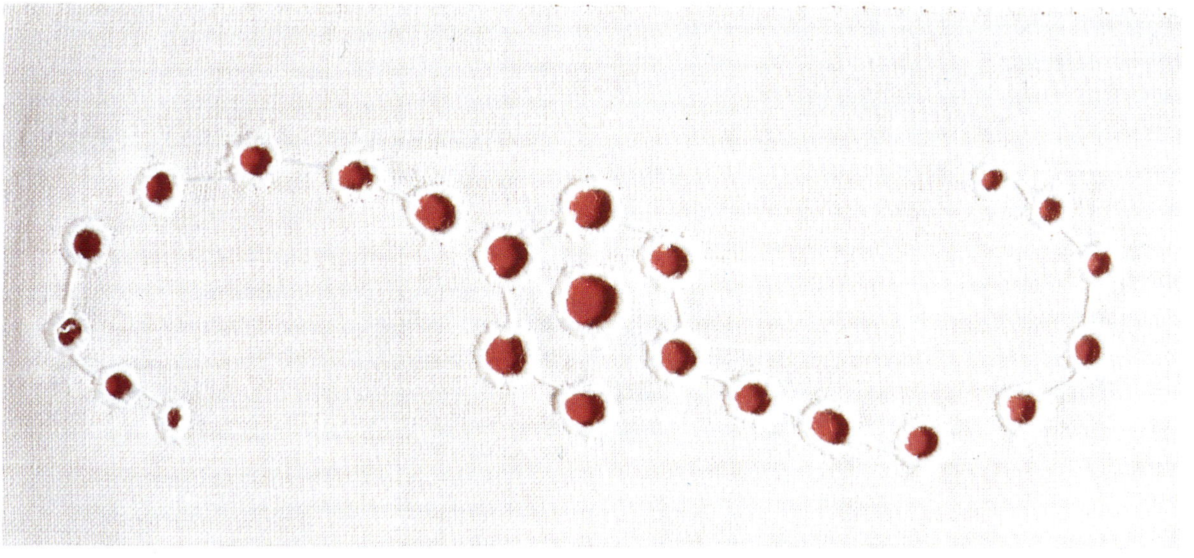

Bindlochstich (weißes Vierfachstickgarn auf Kingston Reinleinen)

4. STICKSTICHE

4.1 Bindlochstich

Eingesetzt wird der Bindlochstich bei der Lochstickerei. Auch wenn hauptsächlich runde oder ovale Löcher mit dieser Art der Stickerei gearbeitet werden, ist mit dem Bindlochstich ebenso die Gestaltung von Dreiecken und Rechtecken möglich. Seine Handhabung erfordert eine gewisse Übung. Geben Sie nicht auf, wenn das erste Loch vielleicht nicht ganz perfekt wird. Nehmen Sie einen glatten Stoff, auf dem Sie als erstes Ihr Motiv mit einem Stift markieren.
Die Konturen des gewünschten Loches werden mit Vorstichen umrandet. Dabei läßt man einen kleinen Abstand zur Vorzeichnung.
Nun wird der Stoff in kleinen Partien eingeschnitten. Das überflüssige Gewebe wird auf die Unterseite des Stoffes gelegt. Umsäumen Sie das Motiv mit dem Bindlochstich, indem Sie die Nadel durch das Loch führen und sie von unten nach oben außerhalb des Vorstiches wieder ausstechen. Eventuell überstehenden Stoff auf der Rückseite schneiden Sie nach Vollendung des Loches vorsichtig ab.

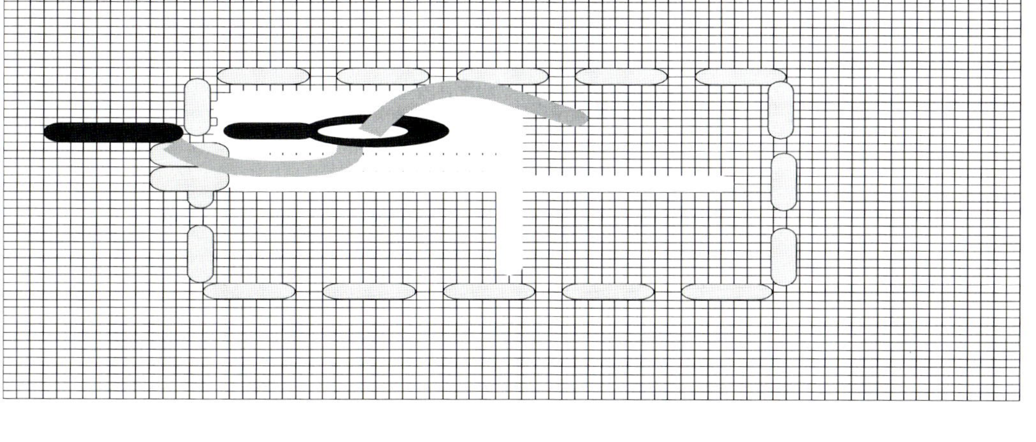

4.2 Gobelinstiche

Der einfache Gobelinstich wird auf einem zählbaren Gewebe gestickt, gehört damit zu den Zählstichen und wird vorwiegend mit Wolle oder Sticktwist auf Stramin gearbeitet. Ausgeführt wird er nach einer Stickschrift, deren Raster jeweils ein Gewebekästchen des Stramins darstellt.

Wichtig ist, daß die Stiche das Gewebe verdecken. Der Arbeitsfaden muß also eine dem zu bestickenden Stoff entsprechende Stärke aufweisen.

Der einfache Gobelinstich wird auch als halber Kreuzstich bezeichnet, denn er entspricht dem Grundstich des Kreuzstiches.

Wie schon unter „Gobelinstickerei" beschrieben ist die Ausführung in zwei Varianten möglich.

Methode Nr. 1: Es wird nur in Hinreihen gearbeitet. Zu Beginn wird der Faden von rechts nach links über die zu bestickende Fläche gelegt (trassiert). Von links nach rechts wird dann ein halber Kreuzstich ausgeführt.

Methode Nr. 2: Der halbe Kreuzstich wird über ein Gewebekästchen ausgeführt, ohne untergelegten Faden.

Bei dieser Anwendung müssen dann auch Rückreihen von rechts nach links gearbeitet werden.

Einfacher Gobelinstich auf Stramin 60 mit Sticktwist

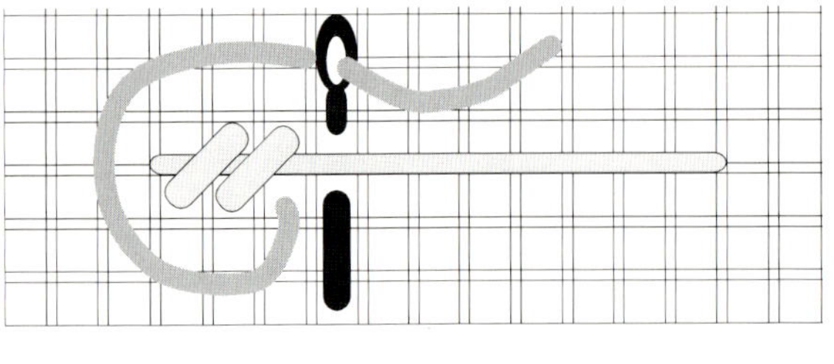

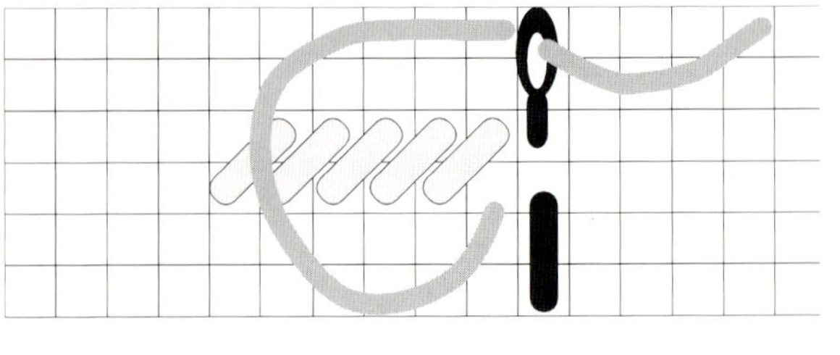

Gerader Gobelinstich auf Stramin 60 mit Sticktwist

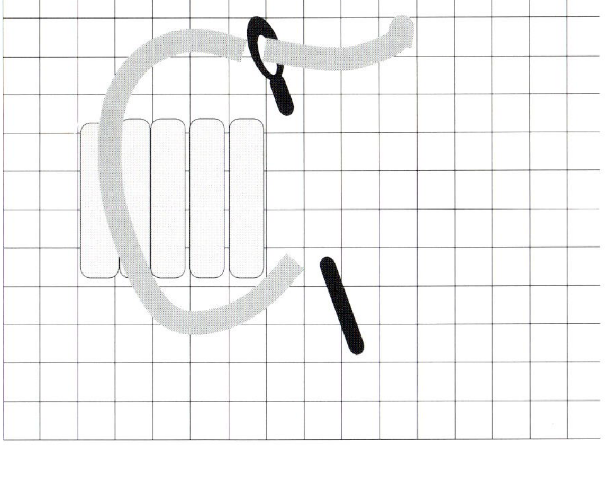

Gerader Gobelinstich

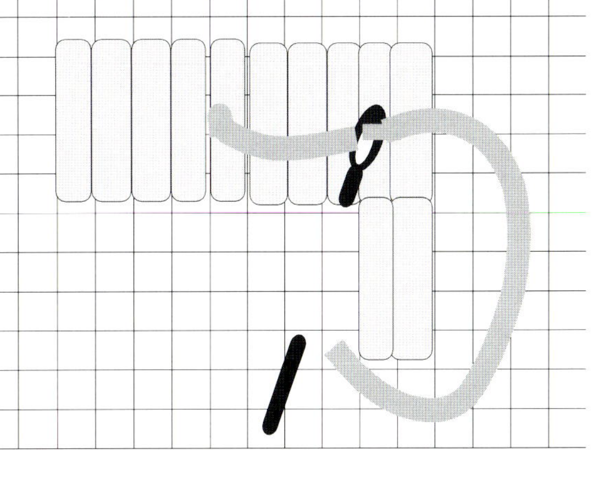

Gerader Gobelinstich, Rückreihe

Wie der einfache Gobelinstich muß auch der gerade Gobelinstich das Gewebe vollständig verdecken. Mit dieser Arbeitsweise können Sie schöne Kissenbezüge und Bilder ersticken. Üblicherweise wird der Arbeitsfaden über vier Straminfäden geführt. Die Nadel wird oben eingestochen und kommt, schräg versetzt um einen Stich, vier Fäden weiter unten wieder heraus. Arbeiten Sie in Hin- und Rückreihen von links nach rechts und umgekehrt (s. Zeichnung S. 93).
Der schräge Gobelinstich wird im Gegensatz zum geraden nur von links nach rechts ausgeführt, und deshalb muß die Arbeit nach jeder Reihe umgedreht werden. Die Arbeitsweise ist wie bei einem halben Kreuzstich, nur daß der schräge Gobelinstich über zwei oder mehr Gewebefäden geführt wird.

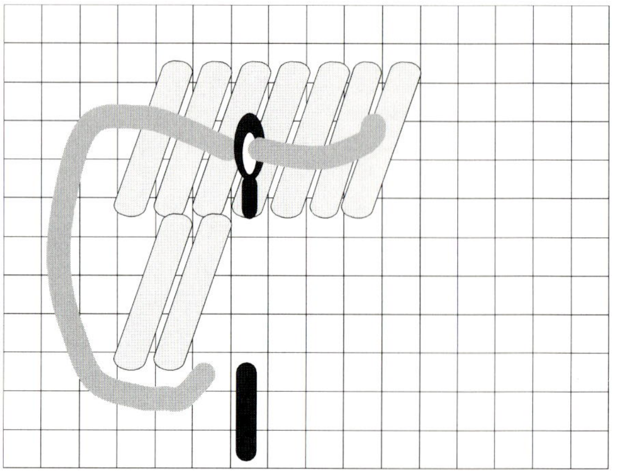

Schräger Gobelinstich

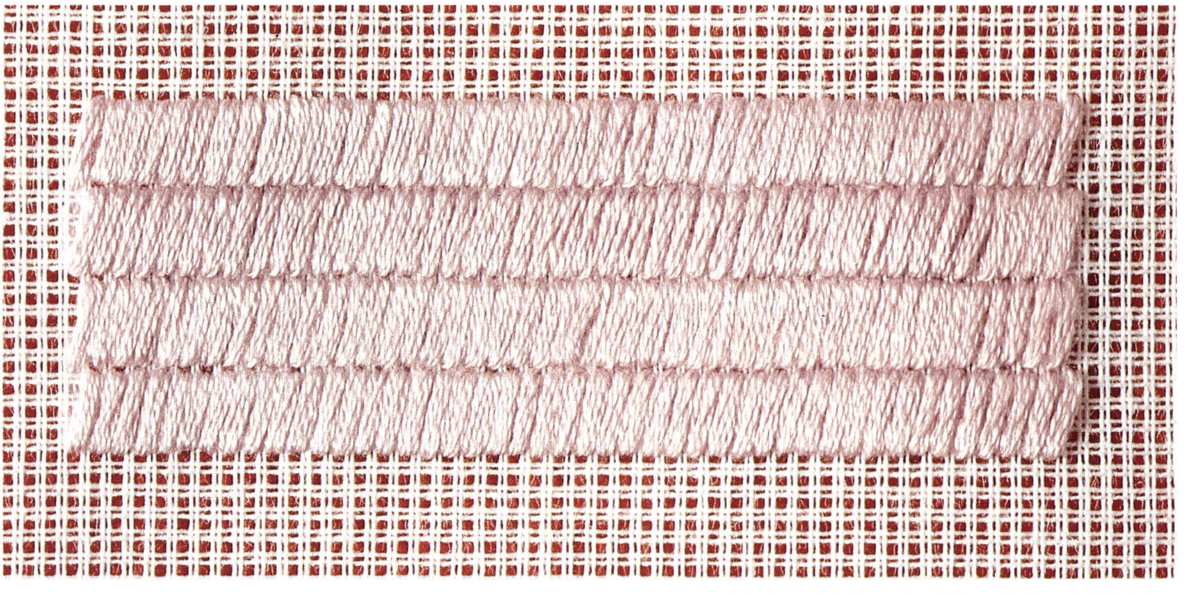

Schräger Gobelinstich auf Stramin 60 mit Sticktwist

von oben: offener Hexenstich, geschlossener Hexenstich, einseitig überstickter Hexenstich, zweiseitig überstickter Hexenstich auf Linda-Schülerleinen mit Sticktwist

4.3 Hexenstich

In seinen verschiedenen Varianten wird der Hexenstich bei Näharbeiten als Saumstich und bei vielen Stickarten wie Ajour-, Filet-, Tüll- und Schattenstickerei als Zierstich eingesetzt.
Er läßt sich am besten auf einem Zählstoff arbeiten. Verwenden Sie ihn auf einem anderen Gewebe, empfiehlt es sich, zwei parallellaufende Linien zu markieren, um ein sauberes Stickbild zu erzielen.
Der Hexenstich ist sehr variabel. Abgewandelt oder erweitert erhält man sehr unterschiedliche Ausdrucksformen.
Der offene Hexenstich wird von links nach rechts gearbeitet. Die Nadel wird von der Unterseite durch den Stoff gestochen, schräg nach rechts oben geführt, eingestochen und waagerecht um die gleiche Anzahl Fäden wieder nach links ausgestochen.
Nun wird die Nadel schräg nach rechts unten geführt, eingestochen und waagerecht um die gleiche Anzahl Fäden wie beim ersten Schrägstich nach links gesetzt.
Die Nadel wird nun nach schräg oben rechts geführt, eingestochen und wie zu Beginn waagerecht nach links geführt. Jetzt arbeiten Sie wie bei der vorhergehenden Abbildung

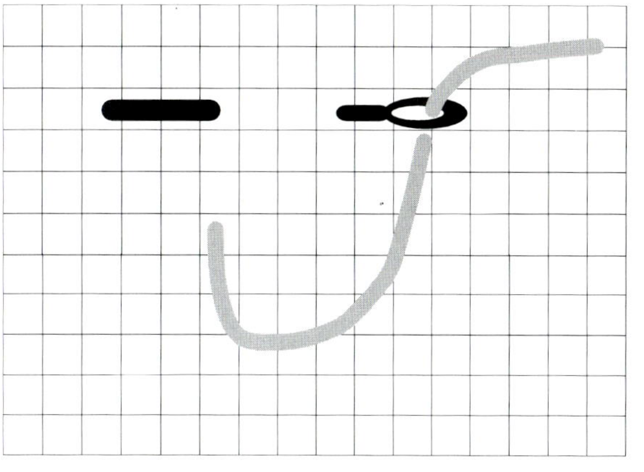

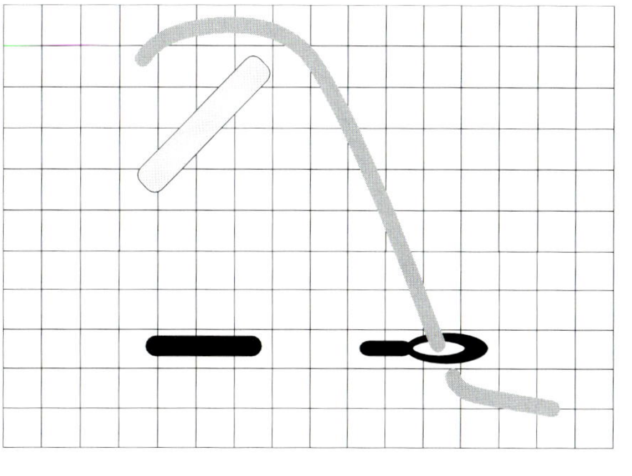

weiter: schräg nach rechts unten, waagerecht nach links.
Der geschlossene Hexenstich wird als Kreuznahtstich bezeichnet. Prinzipiell wird er wie der offene Hexenstich gearbeitet. Der Unterschied liegt in dem Schließen der oberen und unteren Reihe. Die Nadel wird immer an der Einstichstelle des letzten Stiches ausgestochen.
Zu den Variationsmöglichkeiten zählt das Übersticken der Schnittpunkte der Hexenstiche durch Vorstiche und bei größeren Hexenstichen durch Überfangstiche.

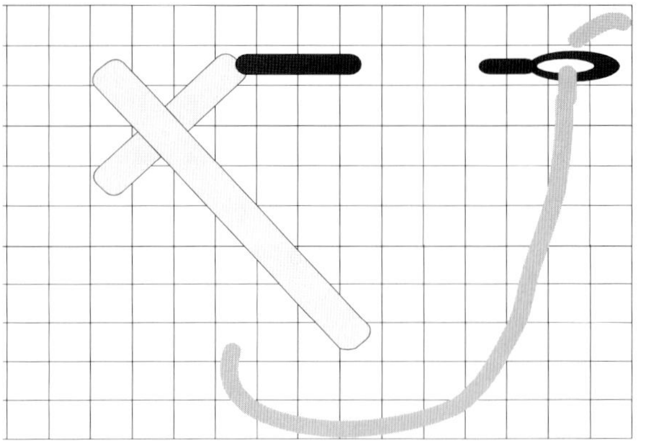

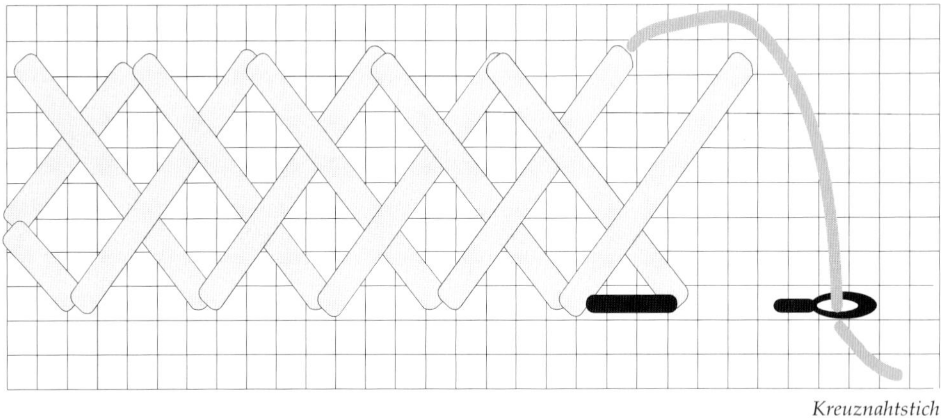

Kreuznahtstich

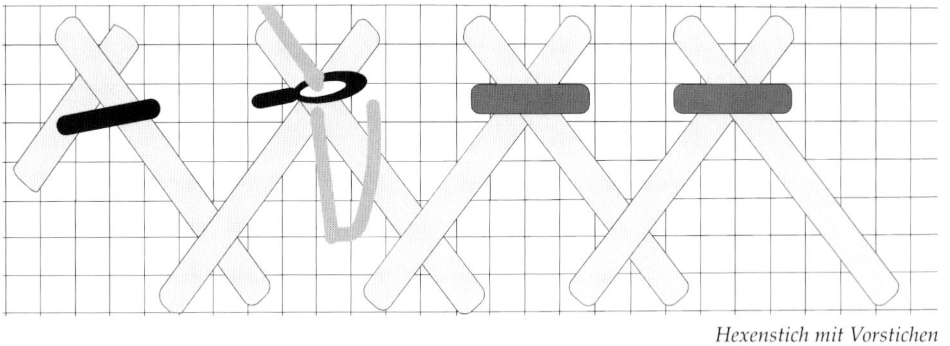

Hexenstich mit Vorstichen

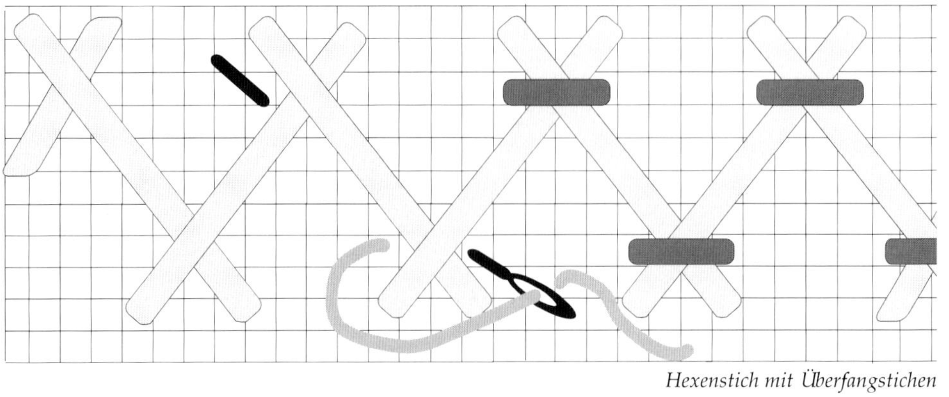

Hexenstich mit Überfangstichen

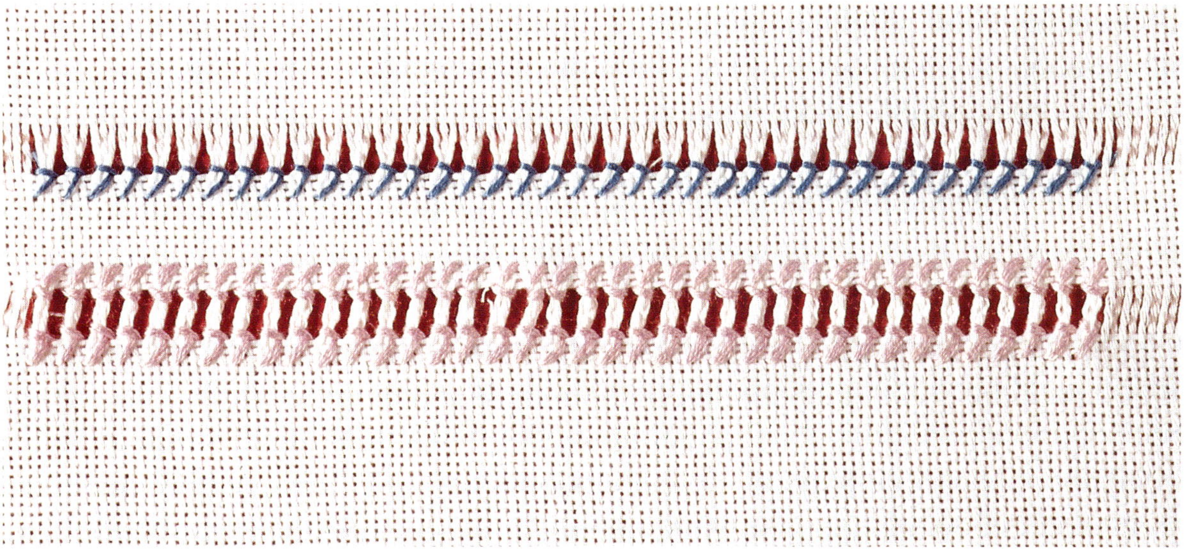

von oben: Hohlnahtstich mit dreifädigem Sticktwist, Leiterhohlnaht mit sechsfädigem Garn auf Davosa

4.4 Hohlnahtstich

Der Hohlnahtstich wird auch Hohlsaumstich genannt. In seiner einfachsten Form wird er oft zum Versäumen und zum Befestigen von Geweberändern eingesetzt.
Es sind viele Abwandlungen möglich, und so ist der Hohlnahtstich auch ein beliebter Zierstich – vor allen Dingen bei Durchbrucharbeiten.
Benötigt wird ein Zählstoff. In der gewünschten Breite werden Gewebefäden ausgezogen.
Gestickt wird auf der linken Stoffseite von links nach rechts. Die Nadel wird zwei bis drei Fäden unterhalb der Hohlnahtkante ausgestochen und

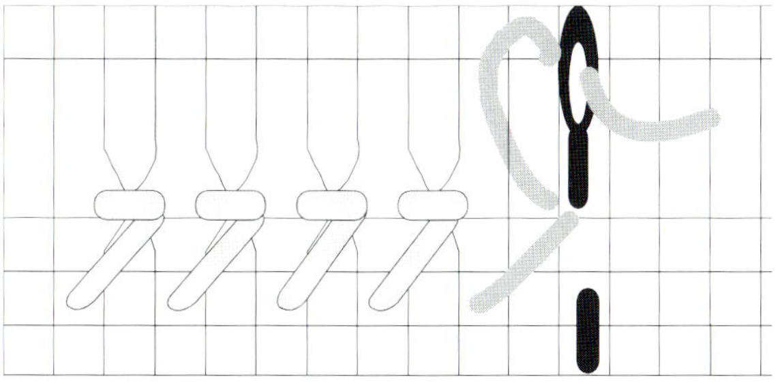

hinter den nächsten 2 bis 4 rechts liegenden, losen Fäden durchgeführt. Das Stickgarn zieht dieses Fadenbündel zusammen, und die Nadel wird rechts neben den aufgefaßten Faden senkrecht nach unten ausgestochen.
Wird die Hohlnaht beidseitig der Fadenrinne gearbeitet, indem man dieselben Fäden bündelt wie auf der gegenüberliegenden Seite, spricht man von einer Leiter- oder Stäbchenhohlnaht.
Eine weitere Möglichkeit ist der Zickzackhohlsaum. Die erste Seite der Fadenrinne wird wieder mit dem Hohlnahtstich gesichert, wobei eine gerade Anzahl von Gewebefäden gebündelt werden muß. Auf der gegenüberliegenden Seite wird immer die letzte Hälfte des einen Fadenbündels und die erste Hälfte des nächsten Fadenbündels gefaßt.

4.5 Holbeinstich

Der Holbeinstich (auch Strich- oder Medicistich genannt) gehört zu den gezählten Linienstichen und ist eine Kombination aus Vorstichen. Er wird bei vielen Stickarten, beispielsweise bei der Assisi-Stickerei, als Zierstich eingesetzt. Das Erscheinungsbild auf der linken sowie rechten Seite des Stoffes ist gleich.

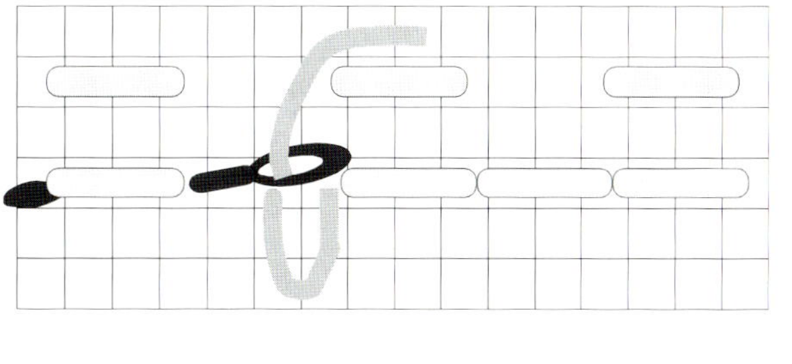

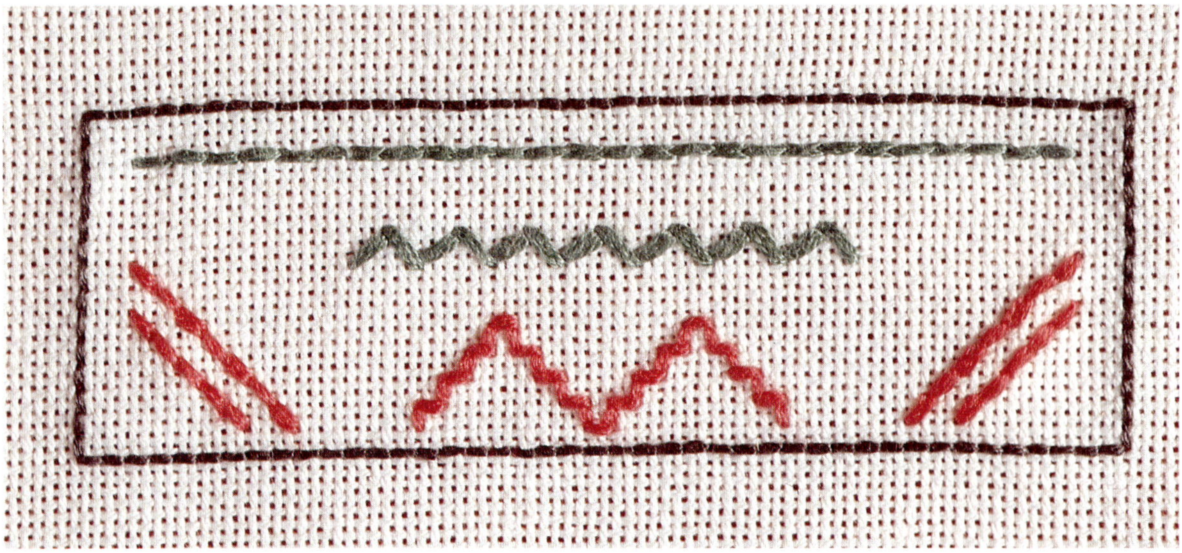

von oben: Holbeinstich in waagerechter Anordnung, Zickzacklinie, diagonale und treppenförmige Anordnung auf Linda-Schülerleinen mit Sticktwist

Der Holbeinstich wird von rechts nach links gearbeitet. Nach einer Reihe wird die Handarbeit gewendet und die Zwischenräume der vorher gestickten Reihe werden ausgefüllt.

Zu den weiteren Möglichkeiten des Holbeinstiches zählt die diagonale Anordnung (schräger Linienstich), die Zickzacklinie und die treppenförmige Anordnung .

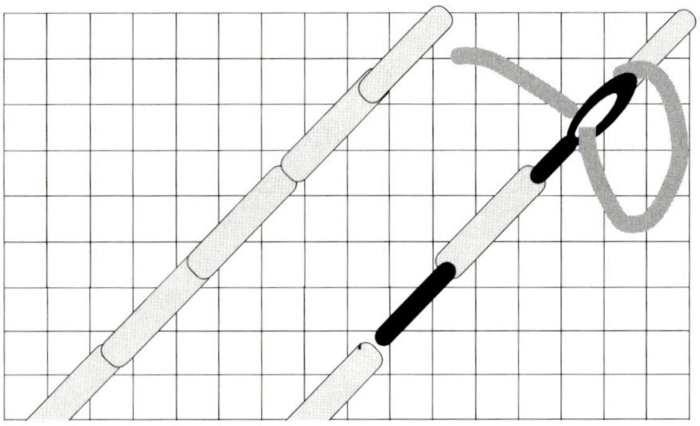

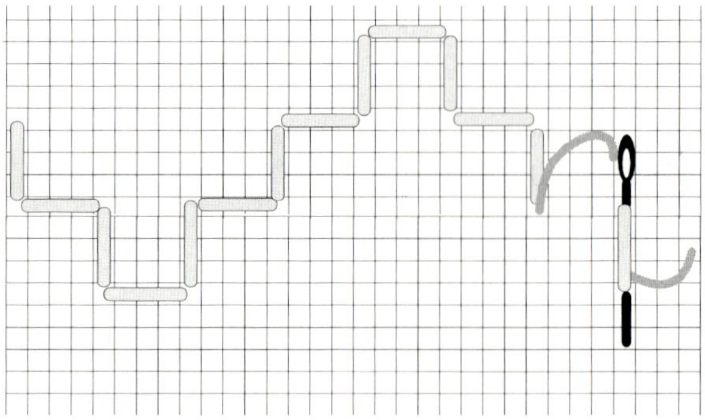

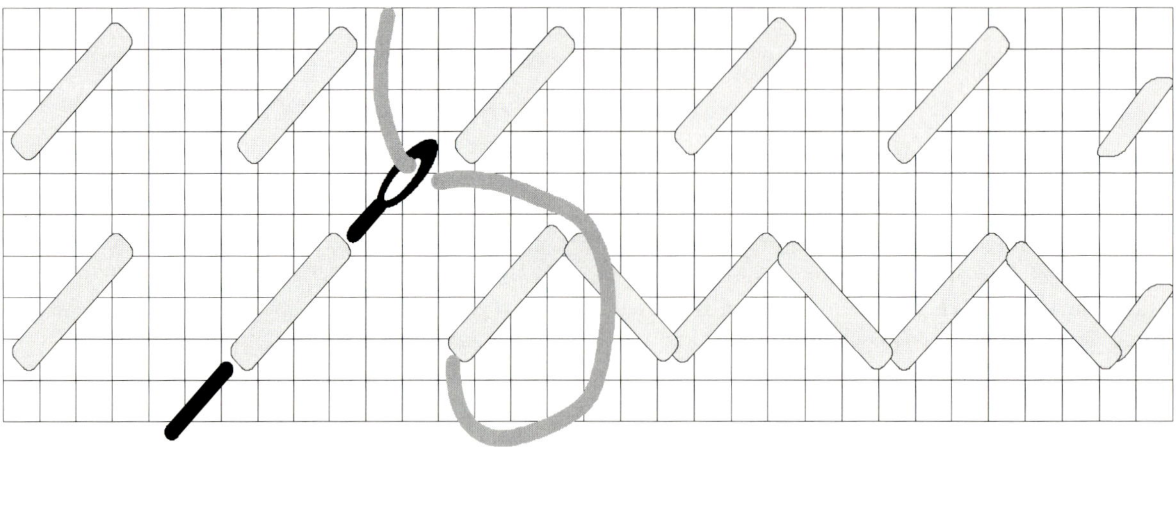

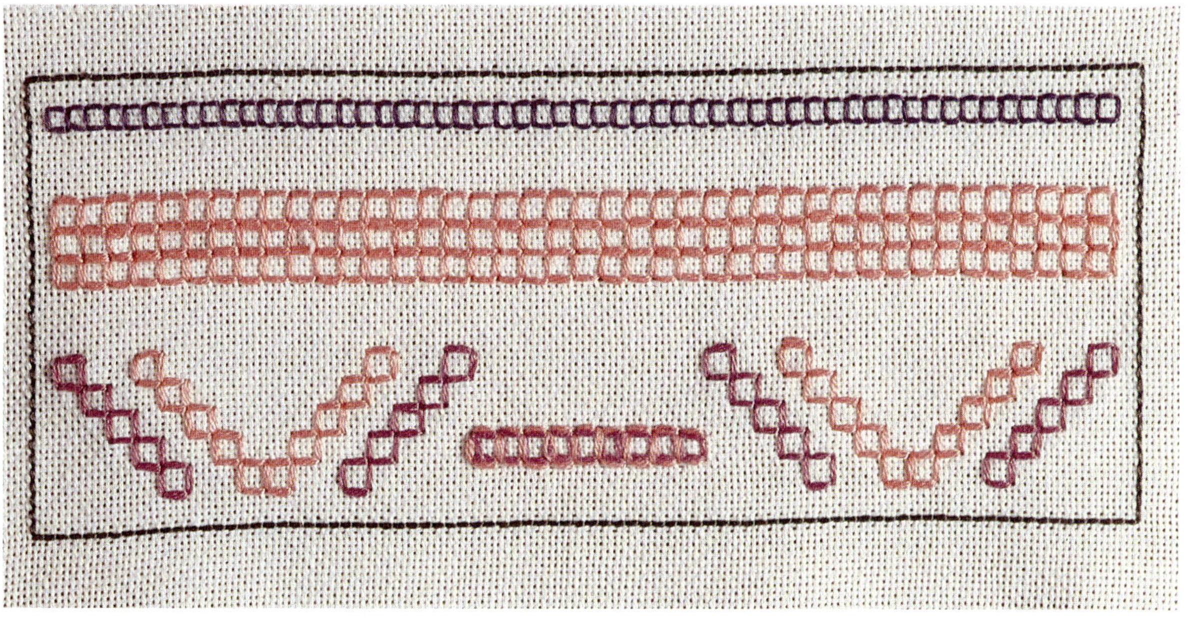

von oben: einfacher Kästchenstich über 3 x 3 Gewebefäden, untereinander angeordneter Kästchenstich, Kästchenstich diagonal, doppelter Kästchenstich, zweifarbig auf Linda-Schülerleinen mit Sticktwist

4.6 Kästchenstich

Der Kästchenstich wird auf einem Zählgewebe gearbeitet und gehört damit in die Gruppe der gezählten Stiche. Er ist vielseitig als Zierstich, aber auch als Randbefestigung einsetzbar.

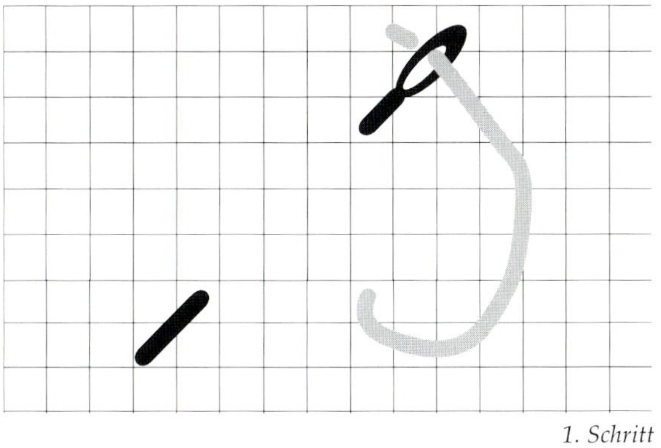

1. Schritt

Vier Rückstiche werden zu einem Quadrat angeordnet. Die Nadel wird von unten ausgestochen und senkrecht nach oben geführt, über die gewünschte Anzahl Gewebefäden. Wie auf der Abbildung zu sehen wird nun diagonal nach links unten eingestochen. Der nächste Schritt führt die Nadel wieder zur ersten Einstichstelle. Die Ausstichstelle liegt diagonal links oben.

Die Nadel wird waagerecht nach rechts über die gewählte Gewebefadenlänge geführt, eingesto-

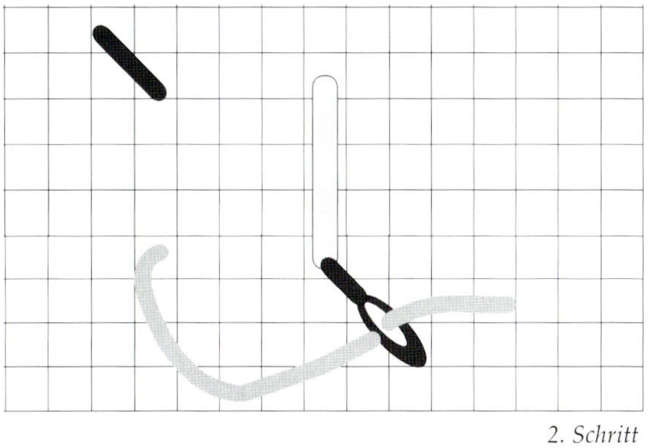

2. Schritt

chen und diagonal nach links unten geführt. Durch einen senkrechten Stich nach oben wird nicht nur das erste Kästchen vollendet, sondern gleichzeitig das nächstfolgende Kästchen begonnen.

Der doppelte Kästchenstich wird wie der einfache gestickt. Jeder Stich wird doppelt gear-

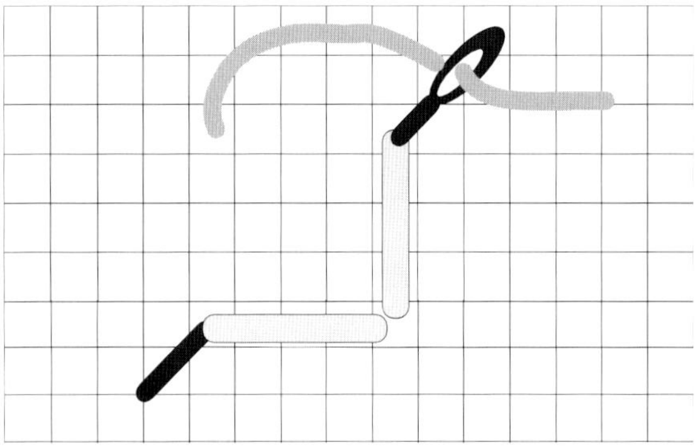

3. Schritt

beitet, entweder in dieselben Einstichlöcher oder versetzt um einen Gewebefaden.
Der Kästchenstich kann auch als Randbegrenzung genutzt werden. In diesem Fall arbeitet man in zwei Arbeitsgängen. Zuerst werden abwechselnd ein senkrechter und ein waagerechter Stich gestickt, wobei der waagerechte die spätere Abschlußkante darstellt.

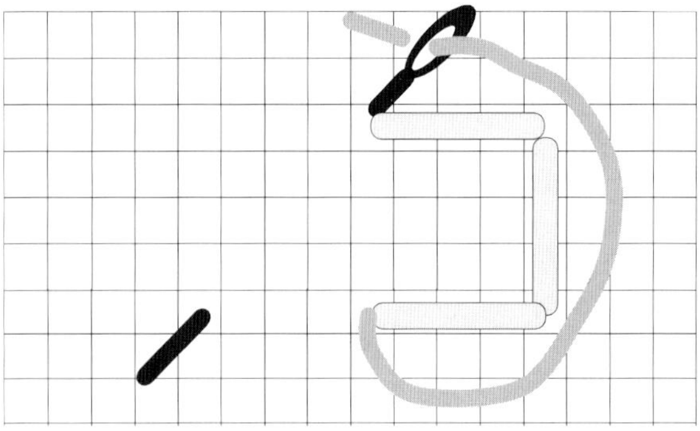

4. Schritt

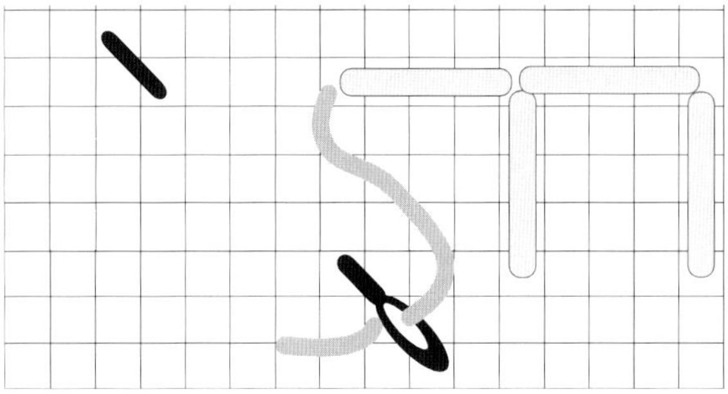

Kästchenstich als Saumstich, 1. Schritt

Nun wird der Stoff an diesem Stich umgelegt, und der zweite Arbeitsgang kann folgen. Die senkrechten Stiche werden noch einmal nachgearbeitet, so daß nun zwei Fäden nebeneinanderliegen. Gleichzeitig wird das Kästchen

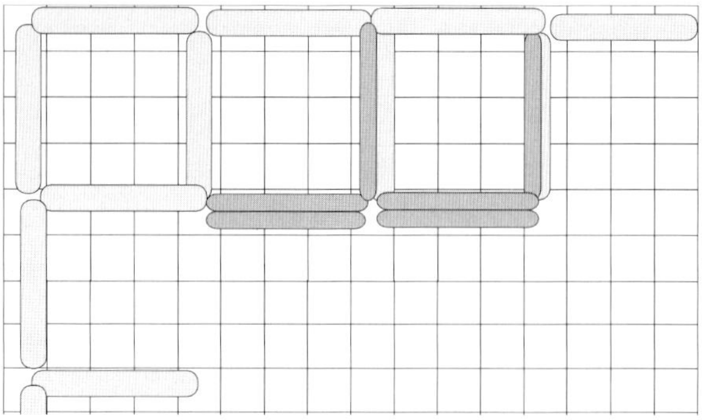

Kästchenstich als Saumstich, 2. Schritt

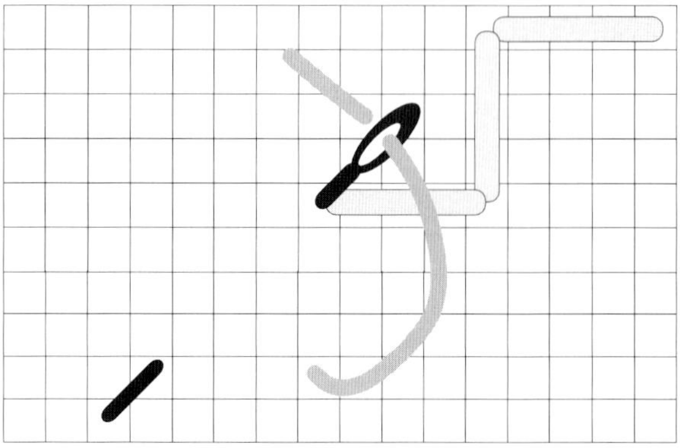

Diagonaler Kästchenstich, 1. Schritt

durch zwei Rückstiche geschlossen. Der zweite Arbeitsgang erfaßt auch die umgelegte Saumkante (doppelte Stofflage). Nach Fertigstellung kann der überschüssige Stoff abgeschnitten werden.
Bei der diagonalen Anordnung des Kästchenstiches arbeiten Sie von rechts oben nach links unten. Sticken Sie erst die obere, linke Hälfte der jeweiligen Kästchen.
Im zweiten Arbeitsgang vollenden Sie die Kästchen von der unteren, rechten Seite.

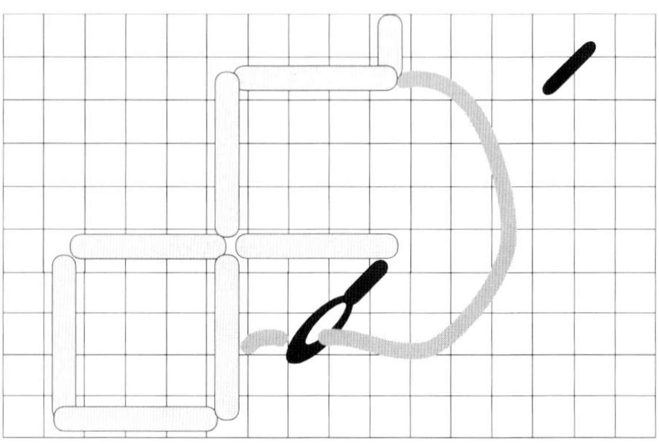

Diagonaler Kästchenstich, 2. Schritt

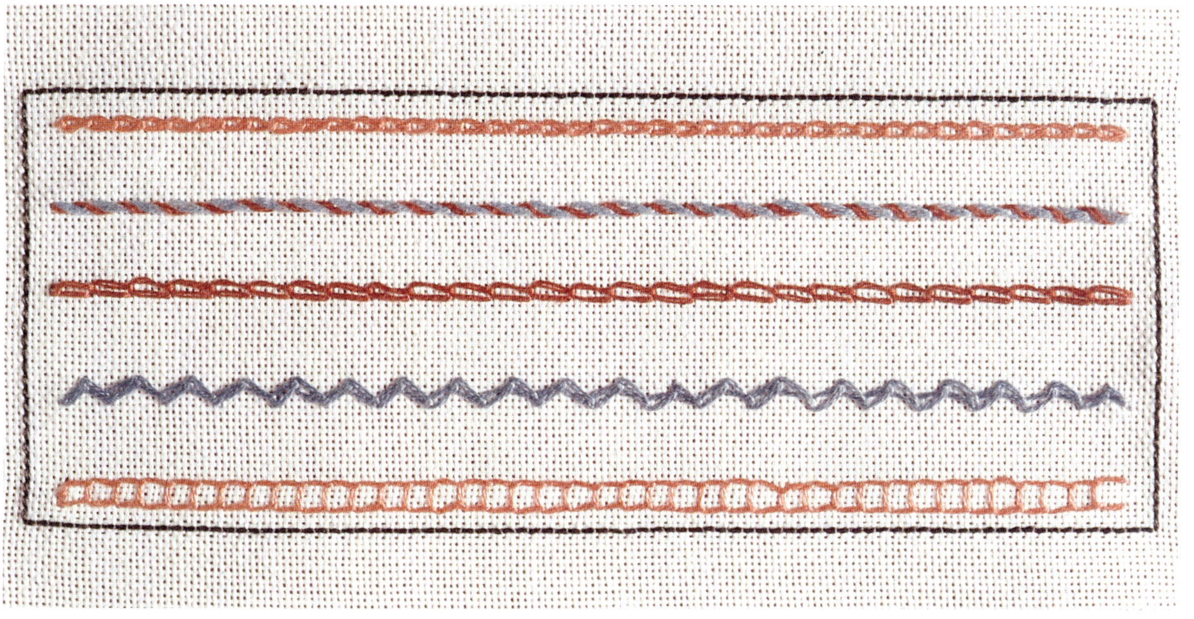

von oben: einfacher Kettenstich über 4 Gewebefäden, umschlungener Kettenstich über 6 Gewebefäden, offener Kettenstich über 6 Gewebefäden, Zickzack-Kettenstich über 4 x 4 Gewebefäden, Leiterstich über 4 Gewebefäden auf Linda- Schülerleinen mit Sticktwist

4.7 Kettenstich

Der Kettenstich wird als Linien-, Zier- und Füllstich bei der Filet-, Tüll-, Richelieustickerei und der Nadelmalerei eingesetzt. Er kann auf Zählstoff und auf glattem Gewebe gestickt werden. Möglich sind die einfache Ausführung und viele Variationen. Kurzum: Der Kettenstich ist sehr vielseitig. Beim einfachen Kettenstich wird von unten durch den Stoff gestochen, auf der Oberseite eine Schlaufe gelegt und direkt neben dem Ausgangspunkt wieder eingestochen. Dann wird die Nadel Richtung Schlaufenbogen geführt. Beim Ausstechen wird die Schlinge mitgefaßt. Das Anziehen des Arbeitsfadens darf nicht zu straff erfolgen, damit aus der Schlinge kein Strich wird. Dieser Arbeitsschritt wird beliebig oft wiederholt. Eine Möglichkeit, den Kettenstich zu verzieren, ist das Einziehen eines andersfarbigen Fadens. Die Nadel wird nur unter den einzelnen Kettengliedern durchgeführt, ohne daß die Nadel durch den Stoff gestochen wird.

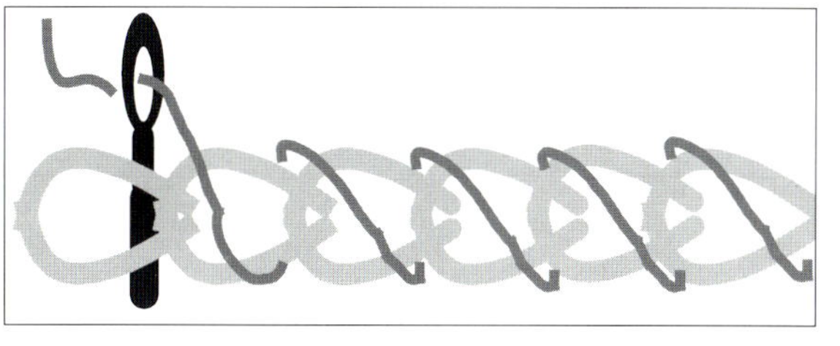

Ein Zickzackmuster entsteht, wenn die Einstiche nicht waagerecht erfolgen, sondern abwechselnd schräg nach rechts und links gearbeitet werden. Wird die Nadel versetzt neben der letzten Schlinge eingestochen, spricht man vom offenen Kettenstich (Zeichnung S. 102). Als Leiterstich wird die folgende Stickweise des

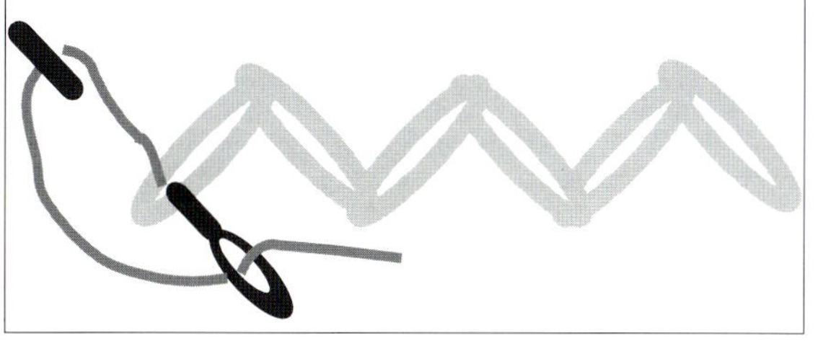

Kettenstiches bezeichnet: Die Einstichlöcher liegen verhältnismäßig weit auseinander. Bei einem glatten Stoff markieren Sie sich am besten zwei parallel verlaufende Linien.

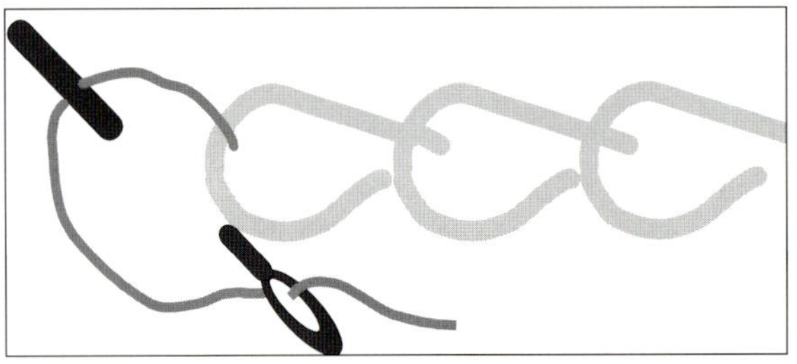

Offener Kettenstich

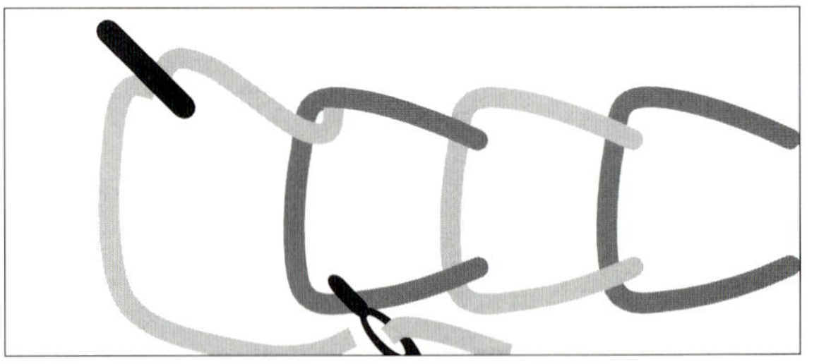

Leiterstich

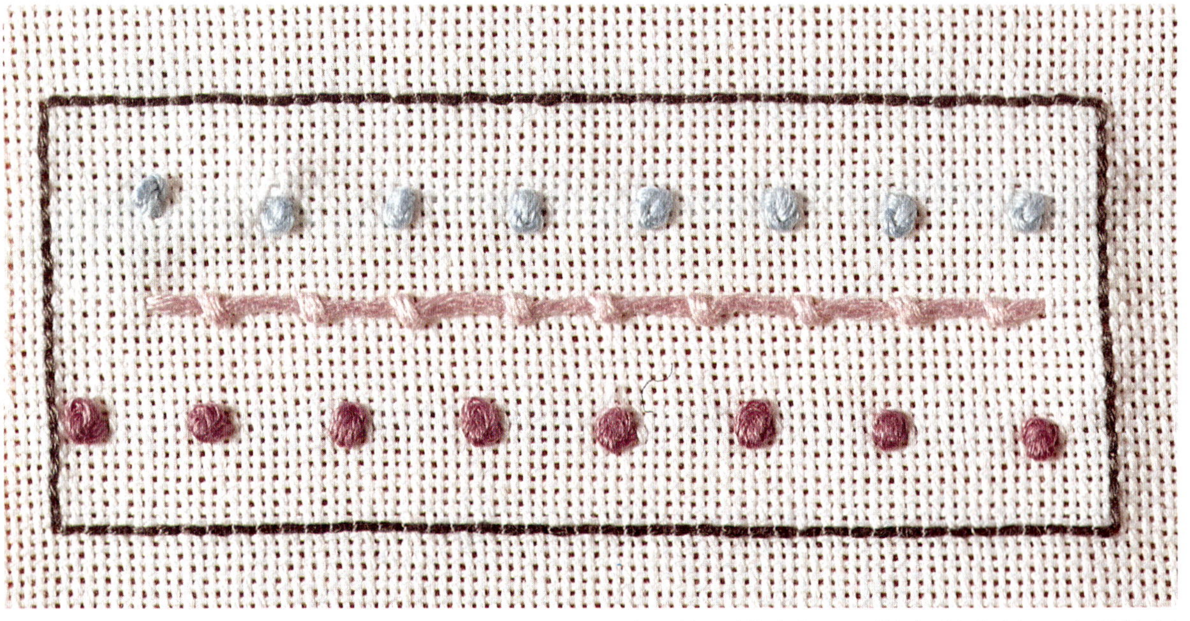

Knötchenstich und Variationen auf Linda-Schülerleinen mit Sticktwist

4.8 Knötchenstich

Der Knötchenstich ist ein hochliegender Stich mit einer sehr plastischen Wirkung. Er wird meistens in Verbindung mit anderen Stickstichen angewandt, doch auch eine kreisförmige Anordnung oder eine Reihe Knötchenstiche wirkt sehr attraktiv.
Bei dem einfachen Knötchenstich wird von unten durch den Stoff gestochen, der Faden zu einer Schlinge gelegt, die Nadel durch diese Schlinge geführt und wieder dicht neben der Ausstichstelle eingestochen. Dabei muß die Schlinge so angezogen werden, daß sie sich fest um die Nadel legt.

Bei dem doppelten Knötchenstich wird der Faden zweimal um die Nadel geschwungen

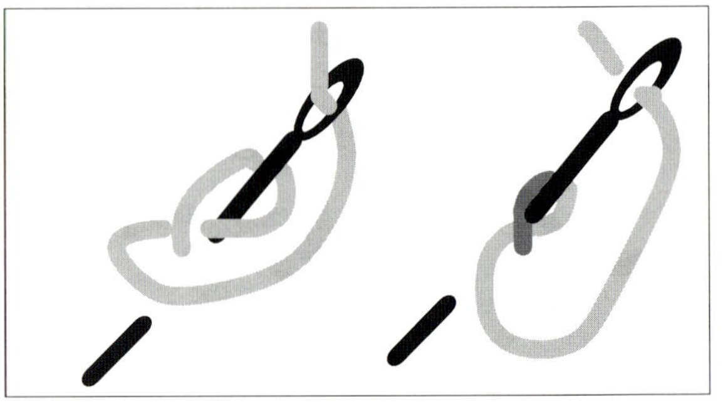

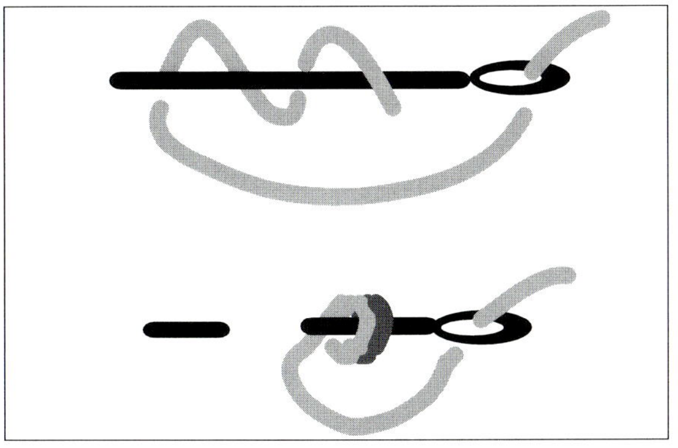

Doppelter Knötchenstich

und dabei festgehalten. Neben der Ausstichstelle wird wieder eingestochen und die Nadel gleichzeitig zum neuen Knötchen geführt. Eine Reihe nebeneinanderliegender Knötchenstiche kann auch über einen sichtbaren Faden gearbeitet werden. Das ergibt dann folgendes Bild:

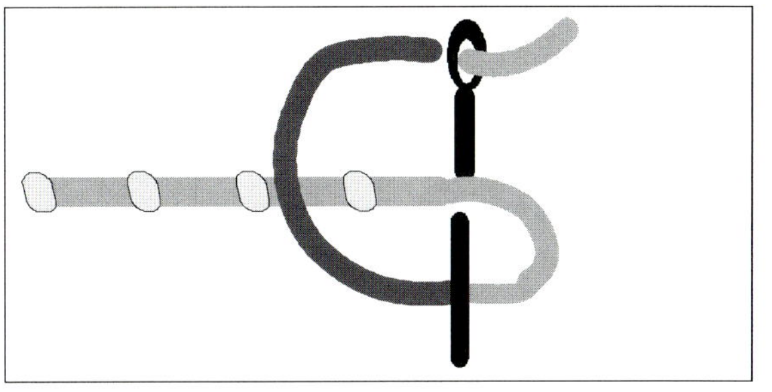

Knötchenstichreihe

Kreuzstichreihen und Variationen auf Linda-Schülerleinen mit Sticktwist

4.9 Kreuzstich

Der Kreuzstich wird nach einem aufgedruckten Muster oder nach einer Stickschrift gearbeitet. In aufgedruckter Form wird er auf einem glatten Stoff gestickt. Doch er gehört in die Gruppe der Zählstiche, und so sollte man ihn auch anwenden. Auf glattem Gewebe kann er niemals richtig gleichmäßig gearbeitet werden.
Auf einem Zählstoff wird nach einer Stickschrift gearbeitet, die aus einem Raster besteht. Jedes gefüllte Kästchen dieses Zählmusters entspricht einem Stich, der üblicherweise quadratisch gearbeitet wird. Ein Kreuzstich wird in zwei Arbeitsgängen gestickt. In der Hinreihe einer waagerechten Anordnung wird zuerst der Grundstich ausgeführt. Die Nadel wird von links unten nach rechts oben gestochen.

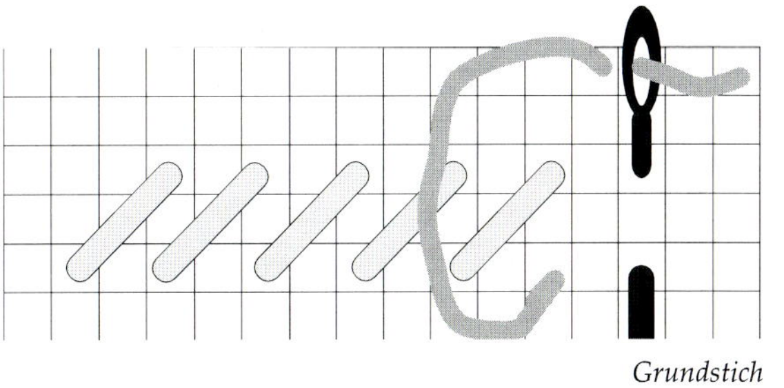

Grundstich

In der Rückreihe wird der Deckstich von rechts

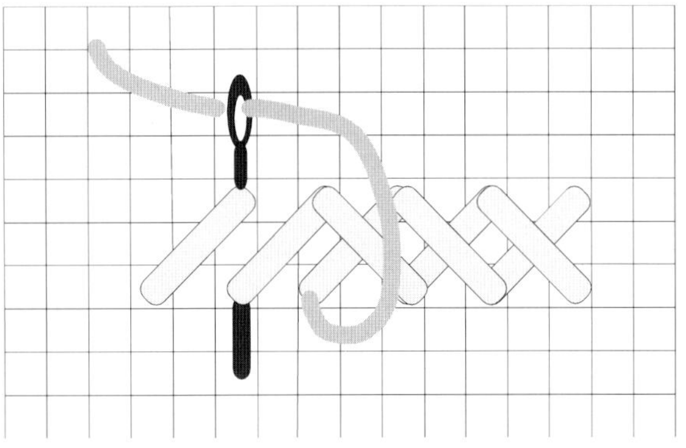

Deckstich

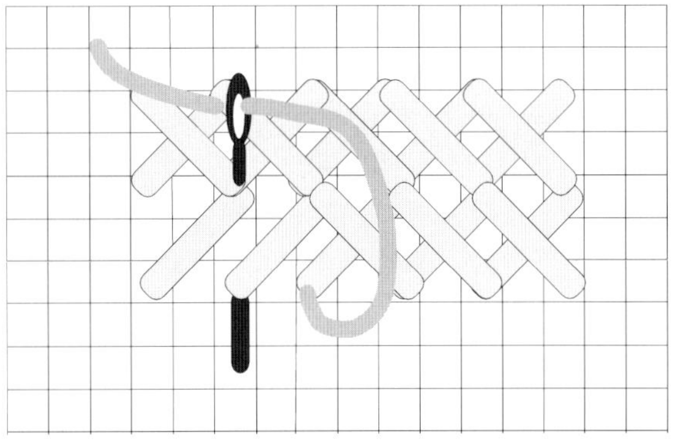

Kreuzstichreihen

unten nach links oben ausgeführt.
Bei mehreren Kreuzstichreihen sind die Einstichlöcher der Vorreihe mit denen der nachfolgenden identisch.

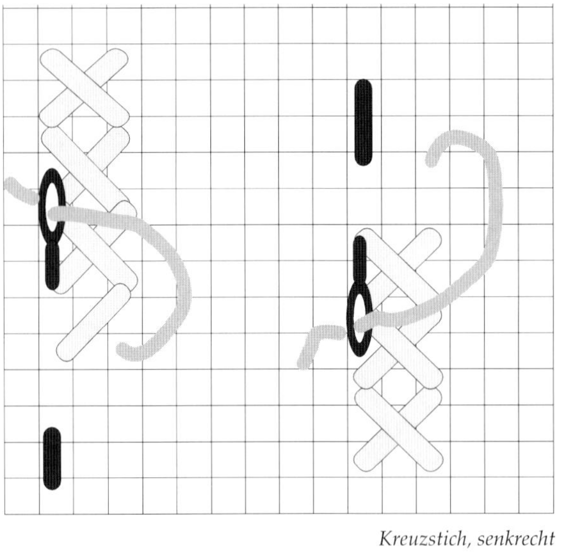

Kreuzstich, senkrecht

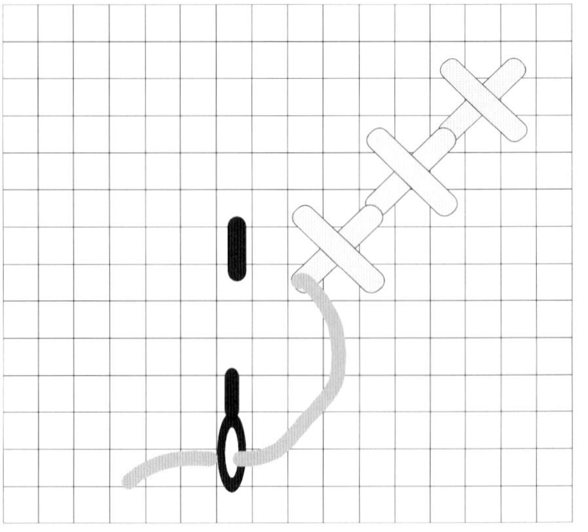

Kreuzstich, diagonal

Bei senkrechten Reihen wird nach der gleichen Arbeitsweise verfahren. Wird von oben nach unten oder von unten nach oben gestickt, faßt die Nadel bei dem Deckstich auf der Rückseite des Gewebes die doppelte Anzahl von Fäden.
Bei diagonal verlaufenden Kreuzstichreihen wird jedes Kreuz einzeln gestickt.
Als Zierstich eignet sich die Abwandlun des Kreuzstiches. Statt senkrecht und waagerecht über die gleiche Anzahl Gewebefäden zu arbeiten, kann sich ein optisch völlig anderes Bild ergeben, wenn diese Fädenanzahl differiert.

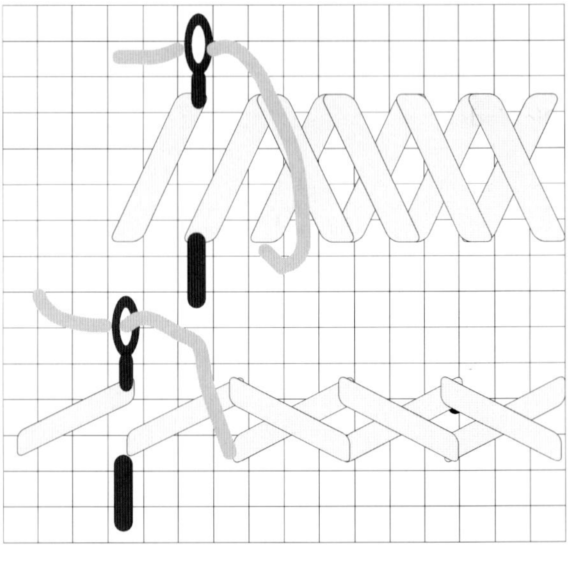

Makrameestich auf Linda-Schülerleinen mit Sticktwist

4.10 Makrameestich

Der Makrameestich (oder Palästrinastich) ist ein sehr plastischer, dekorativer Zierstich. Er ist für Konturen sowie für die Füllung kleinerer Flächen geeignet.
Eine Reihe senkrecht oder waagerecht dicht aneinanderliegender Makrameestiche ergibt eine dicke, aufliegende Linie. Werden die Stiche etwas auseinandergezogen, bleibt trotzdem eine durchgehende Linie bestehen. Die zwischen den Knoten liegenden Spannstiche werden nur dementsprechend länger. Gearbeitet wird von oben nach unten oder von links nach rechts.
Die Nadel wird von der Rückseite kommend ausgestochen, schräg nach rechts geführt und waagerecht nach links wieder ausgestochen. Unter dem entstandenen Stich wird die Nadel

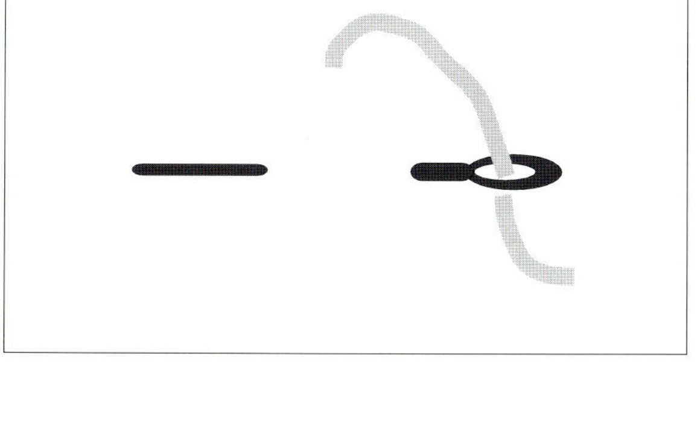

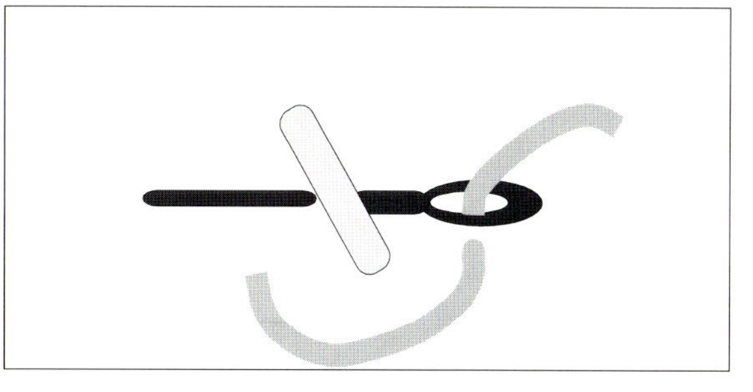

von rechts nach links durchgeführt. Bei diesem Arbeitsgang wird der Arbeitsfaden zu einer Schlinge gelegt und festgehalten.
Wieder wird die Nadel durch den zuerst entstandenen Stich geführt, genau wie beim vorherigen Schritt wird der Stoff nicht durchstochen. Die Nadel liegt beim Anziehen des Arbeitsfadens über der Schlinge.

Einfacher Margeritenstich und verschiedene Anordnungen auf Linda-Schülerleinen mit Sticktwist

4.11 Margeritenstich

Der Margeritenstich wird ähnlich wie der Kettenstich gearbeitet. Einsetzbar ist er in der Filet-, Tüll- und Ajourstickerei, in der Nadelmalerei und in jeglicher Form als Zierstich für Muster, Bordüren und – kombiniert mit anderen Stichen – für bildliche Darstellungen (z.B. Blüten). Begonnen wird wie bei dem Kettenstich: Mit der Nadel wird von unten durch den Stoff gestochen, der Faden wird locker und ebenmäßig zur Schlinge gelegt. An der gewünschten Stichbegrenzung wird die Nadel ausgestochen und bei diesem Arbeitsgang über den Arbeitsfaden gelegt.

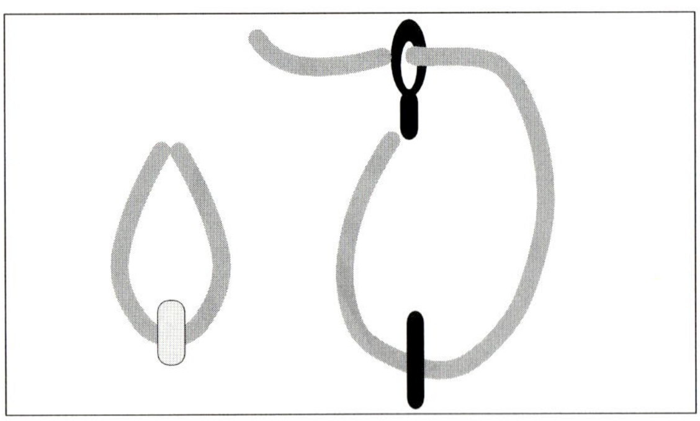

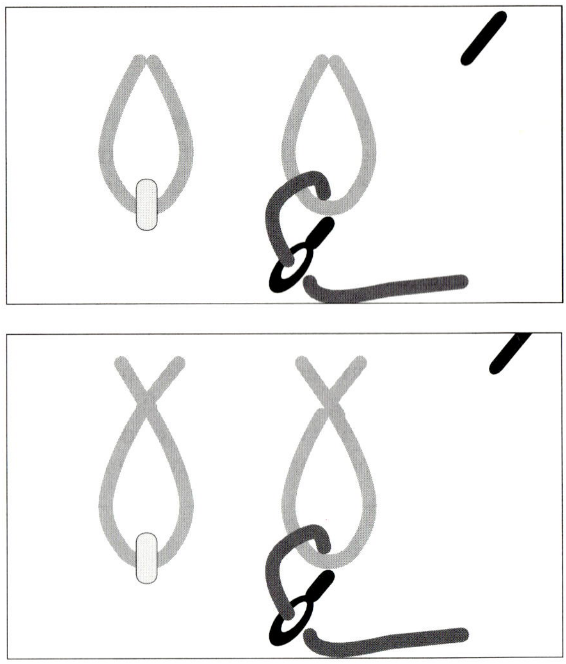

Verschränkter Margeritenstich

Die entstandene Schlaufe wird mit einem kleinen Überfangstich befestigt und die Nadel zur Ausstichstelle des nächsten Stiches geführt.

Bei dem verschränkten Margeritenstich überkreuzen sich die Fäden.
Die bekannteste Anordnung von Margeritenstichen ist die einer Blüte. Damit dieses Ornament gleichmäßig erscheint, sollten Kreis- bzw. Einstichpunkte vor dem Sticken auf einem glatten Stoff markiert werden.

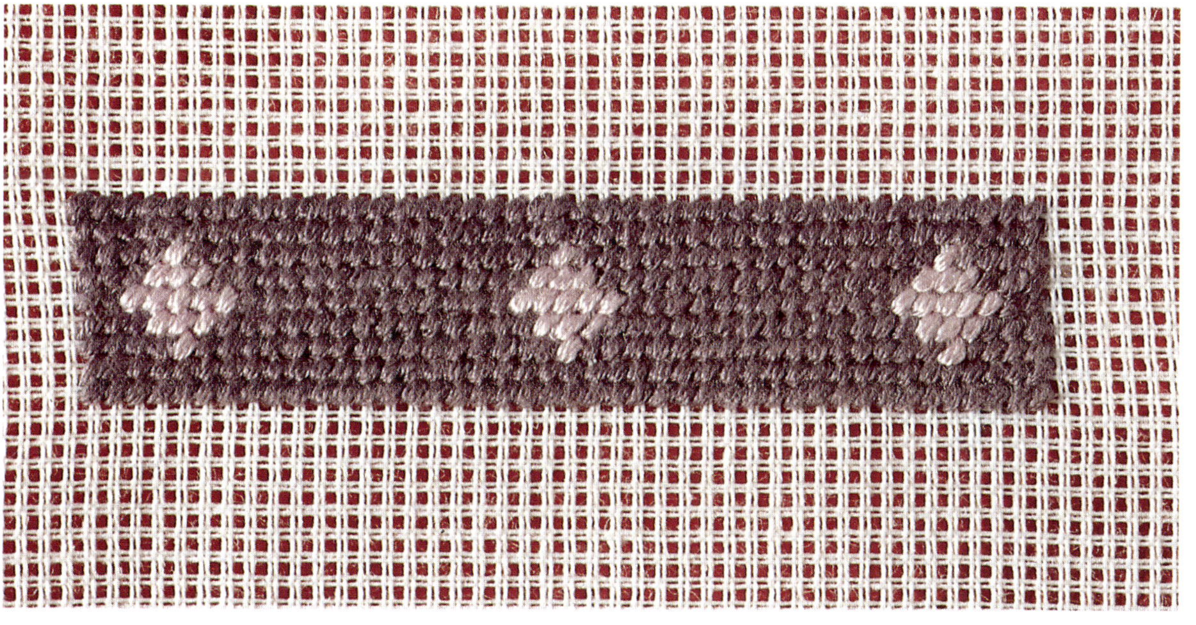

Perlstich sechsfädig gearbeitet auf Stramin 60 mit Sticktwist

4.12 Perlstich

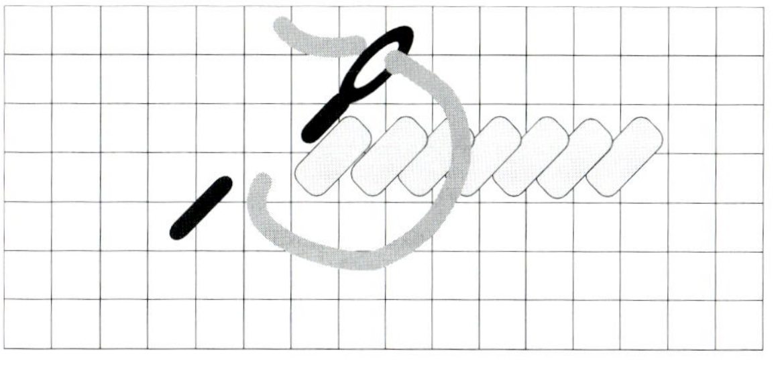

Der Perlstich gehört als Zählstich in die große Gruppe der Gobelinstiche. Er ist allerdings der Feinste dieser Stickstiche und wird aus diesem Grund auch für Petit Point (siehe Kapitel „Stickarten – Gobelin") angewandt.
Üblicherweise wird Petit Point auf feinstem, einfädigen Stramin oder Gaze gearbeitet.
Von oben erscheint der Perlstich wie ein halber Kreuzstich, aber er wird im Gegensatz zu diesem von rechts nach links gearbeitet. Dadurch erhält das Arbeitsstück eine sehr große Stabilität bzw. Strapazierfähigkeit.
Die Rückreihen werden wie ein umgedrehter halber Kreuzstich gearbeitet. Drehen Sie Ihren Stramin für diesen Arbeitsgang um.

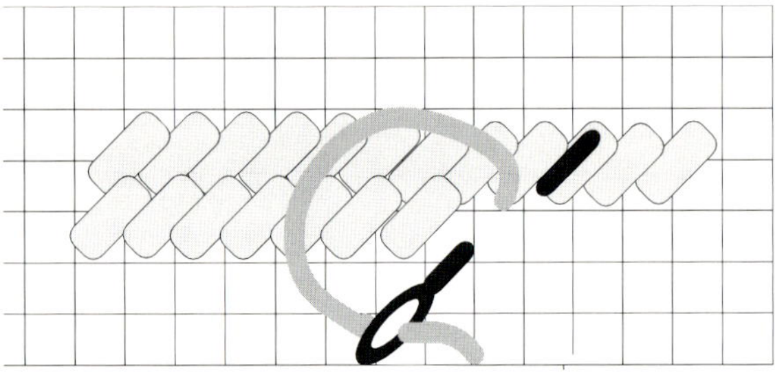

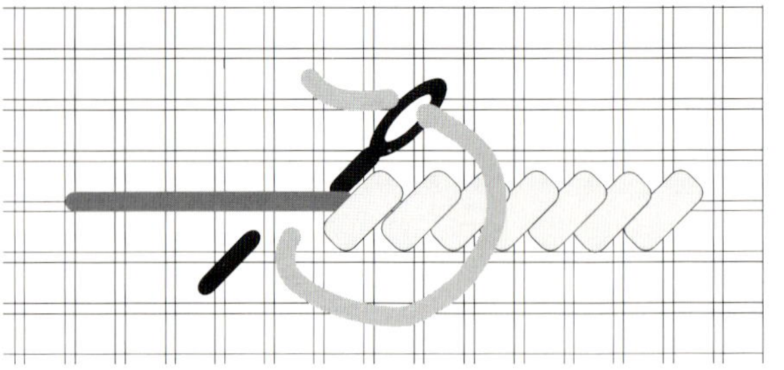

Sollten Sie doppelfädigen Stramin verwenden, können Sie den Faden zuerst von rechts nach links über die zu bestickende Reihe spannen (trassieren). Dann wird der Perlstich nur in eine Richtung ausgeführt, von rechts nach links.

von oben: gerader Plattstich, schräger Plattstich, Stichlängenvariationen auf Linda-Schülerleinen mit Sticktwist

4.13 Plattstich

Der Plattstich (auch Flach- oder Spannstich) ist in die Gruppe der Füllstiche einzuordnen und überspannt das Gewebe.
Er wird oft in verschiedenen Längen und in Gruppen angeordnet. Durch unterschiedliche Stichlängen lassen sich fast alle geometrischen Formen, sogar Kreise darstellen.
Je nach Stoffbeschaffenheit müssen die Motive unter Umständen mit Vorstichen unterlegt werden: Arbeiten Sie auf einem sehr feinen Stoff ein größeres Objekt mit langen Plattstichen, verzieht sich ohne untergelegte Stiche das Gewebe.

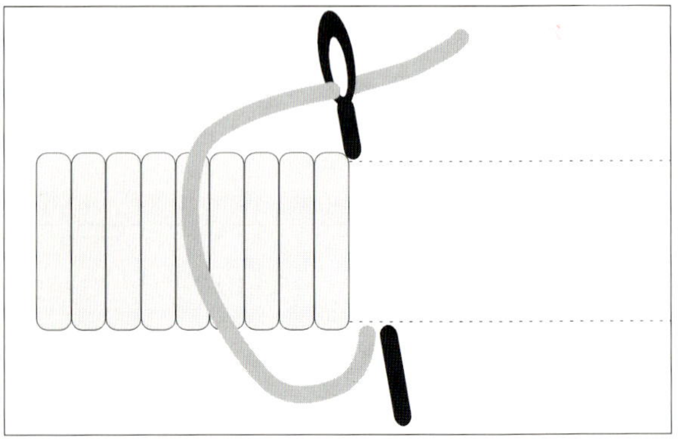

Optisch sollen die einzelnen Stiche dicht an dicht liegen. So muß auf einem Zählstoff mit einem entsprechend dicken Garn gearbeitet werden, damit der Stoff überdeckt wird. Auf einem glatten Gewebe sollten die Ein- und Ausstichlinie aufgezeichnet werden, damit ein regelmäßiges Stickbild entsteht.
Die Nadel wird an der unteren Linie ausgestochen, zur oberen Linie geführt und neben der vorhergehenden Einstichstelle wieder eingestochen. Ganz besonders bei schräg verlaufenden Plattstichen sind Hilfslinien unerläßlich.

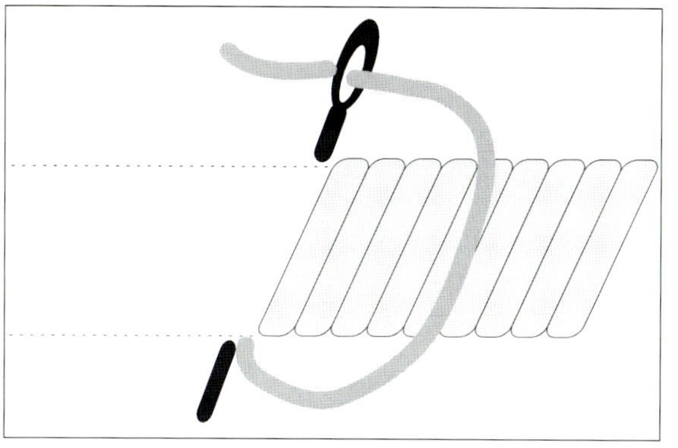

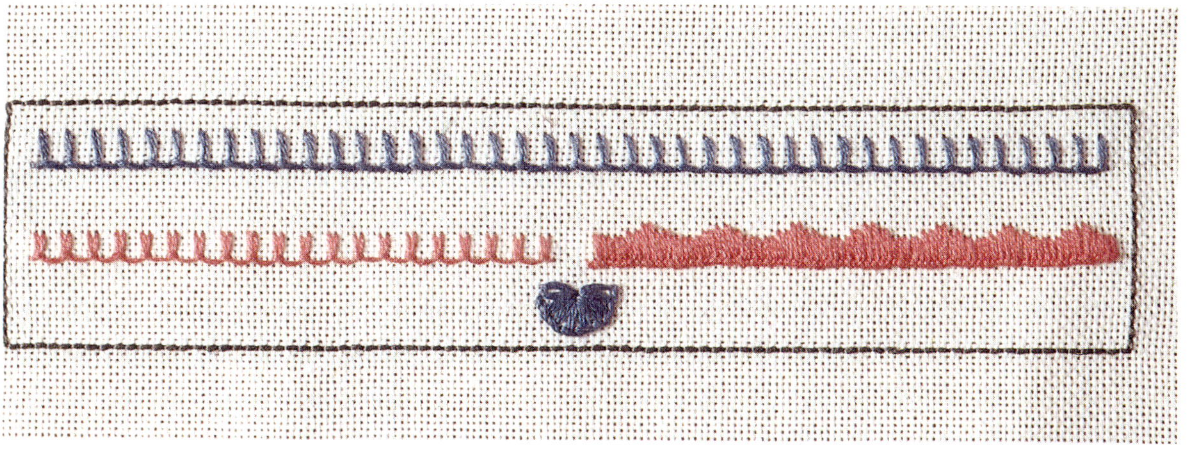

von oben: Schlingstich über vier Gewebefäden, doppelter Schlingstich und Abschlußkante (als Randbefestigung geeignet), kreisförmige Anordnung auf Linda-Schülerleinen mit Sticktwist

4.14 Schlingstich

Der Schlingstich wird auch als Langetten- oder Festonstich bezeichnet. Er wird bei vielen Stickarten als Zierstich und als Befestigungsstich genutzt. Als Saumstich ist ihm besondere Bedeutung zuzumessen. Bei manchen Stickarten – wie Weißstickereien – ist er nicht wegzudenken.
Gearbeitet wird von links nach rechts.
Die Nadel wird am unteren Rand des Stiches

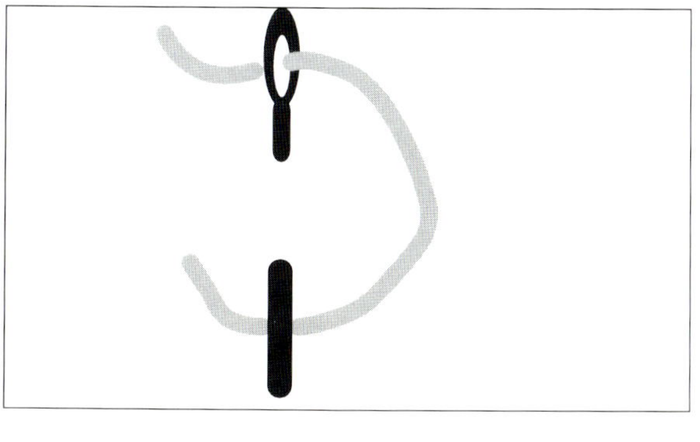

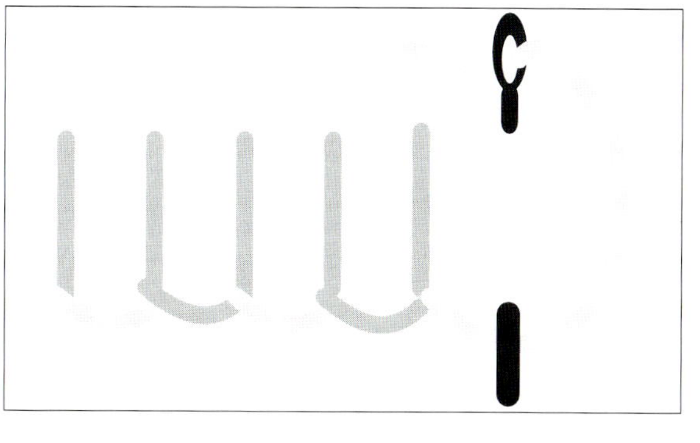

ausgestochen, nach rechts oben geführt und in der gewünschten Breite des Stiches senkrecht wieder eingestochen. Dabei wird der Faden zu einer Schlinge gelegt und der Arbeitsfaden beim Ausstechen unter die Nadel gelegt.
Es ergibt sich nach Wiederholung folgendes Stickbild:

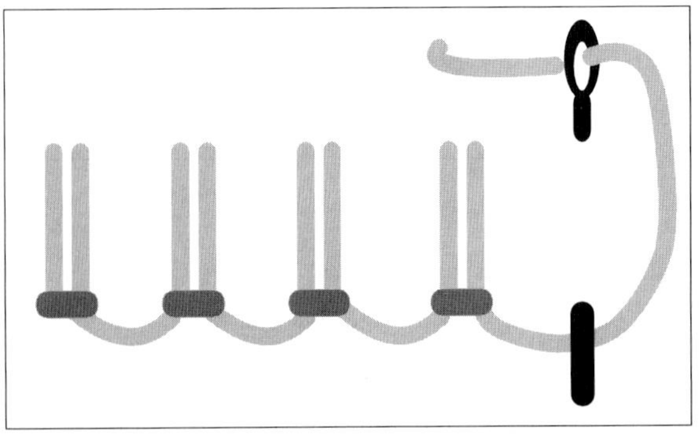

Beim doppelten Schlingstich wird wie bei der einfachen Ausführung begonnen.
Direkt neben dem Ausstichloch dieses Schlingstiches wird rechts eingestochen und der Arbeitsfaden wie folgt unter die Nadel gelegt:

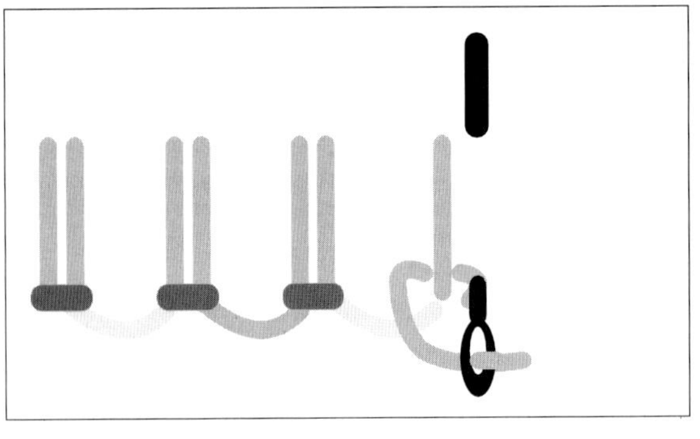

Mit verschiedenen Stichlängen lassen sich hübsche Schmuckkanten arbeiten:

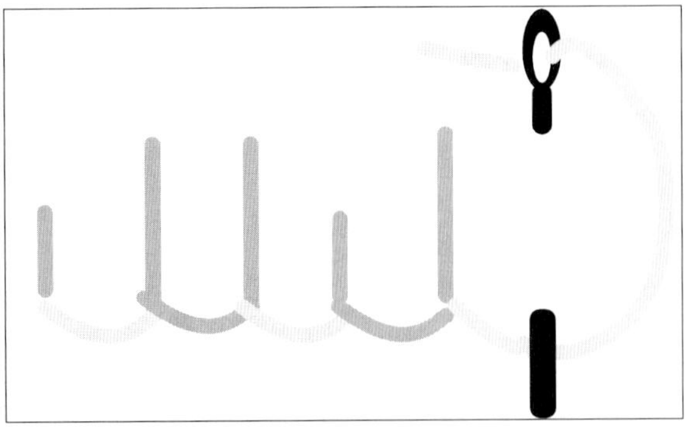

Schlingstiche können auch dicht nebeneinander gesetzt werden, entweder gerade oder abgestuft. Auf diese Weise werden in der Weißstickerei oft Säume und Durchbrüche eingefaßt. Achten Sie dann darauf, daß die geschlossene Seite des Schlingstiches zu jener Seite zeigt, an der der Stoff abgeschnitten werden soll.

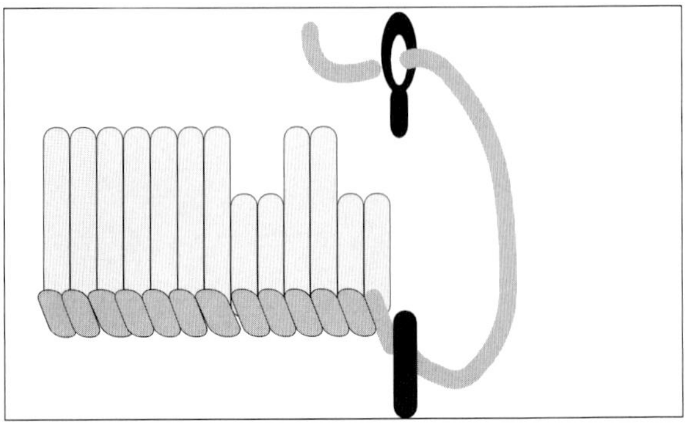

Saumbefestigung mit Schlingstichen

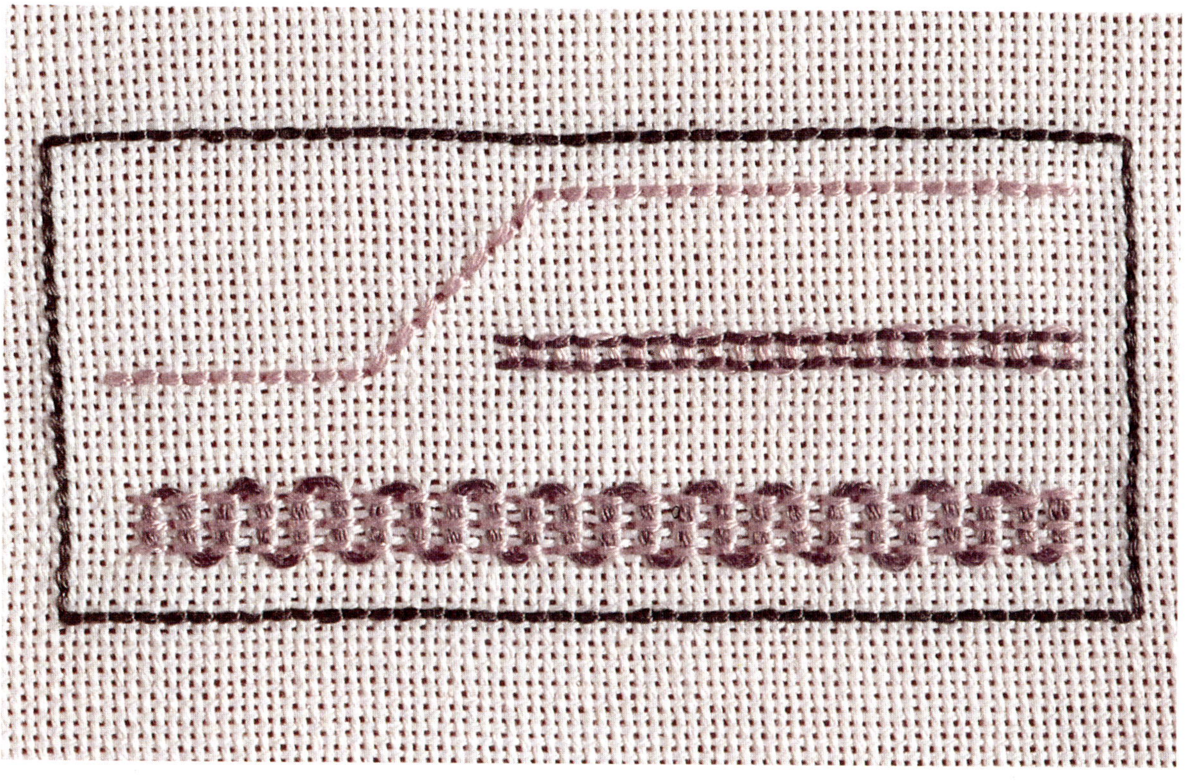

Steppstichreihe und Variationen mit durchgezogenem Faden auf Linda-Schülertuch mit Sticktwist

4.15 Steppstich

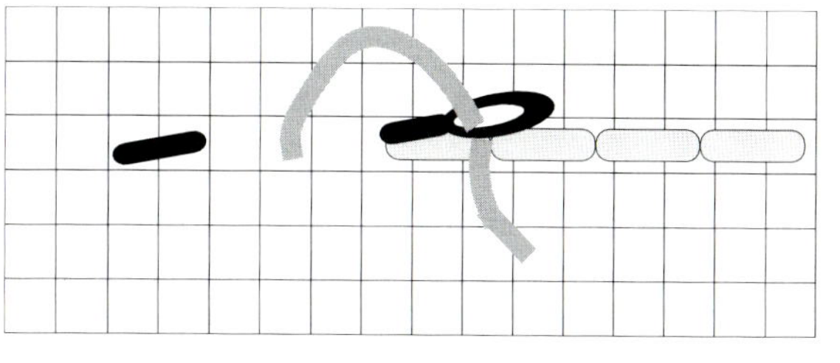

Der Steppstich gehört zu den Linienstichen. Im Gegensatz zum Holbeinstich erscheint in nur einem Arbeitsgang eine optisch durchgezogene Linie.
Bei der Gestaltung von geschwungenen Linien erscheint jedoch ein eckigeres Bild als beim Holbeinstich.
In der Kreuzstichstickerei und der Nadelmalerei wird der Steppstich oft für Konturen eingesetzt. Abgewandelt kann er aber auch ein sehr schöner Zierstich sein.
Arbeiten Sie den Steppstich von rechts nach links. Die Nadel wird von unten durch den

Stoff ausgestochen und um die gewünschte Länge nach rechts eingestochen. Jetzt arbeiten Sie in die entgegengesetzte Richtung und stechen um die doppelte Stichlänge zurück. Bei den nachfolgenden Stichen führen Sie die Nadel jeweils in die vorletzte Ausstichstelle zurück (deshalb wird der Steppstich auch

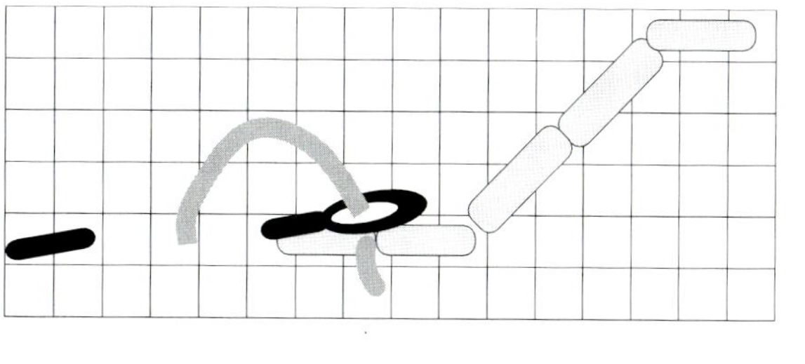

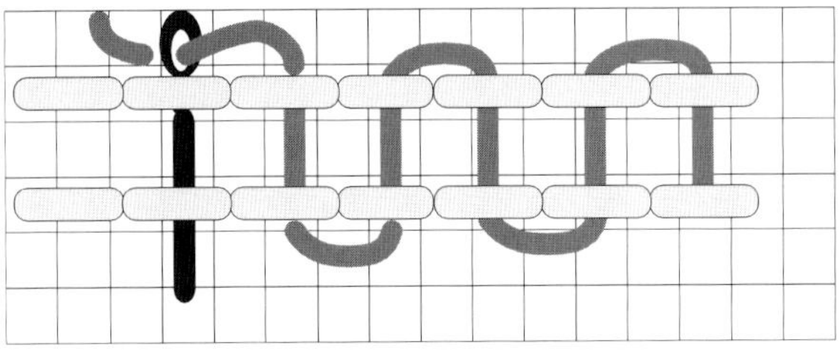

Rückstich genannt), und arbeiten wieder um die doppelte Stichlänge nach links.
Bei diagonaler Anordnung bleibt die Arbeitsweise wie beschrieben, nur daß die entsprechenden Stiche diagonal fadenversetzt gearbeitet werden. Wie schon erwähnt, kann aus dem Konturstich auch ein schöner Zierstich werden, wenn Sie ihn ein bißchen verzieren. Bei dem hier abgebildeten Beispiel wird ein Faden durch die

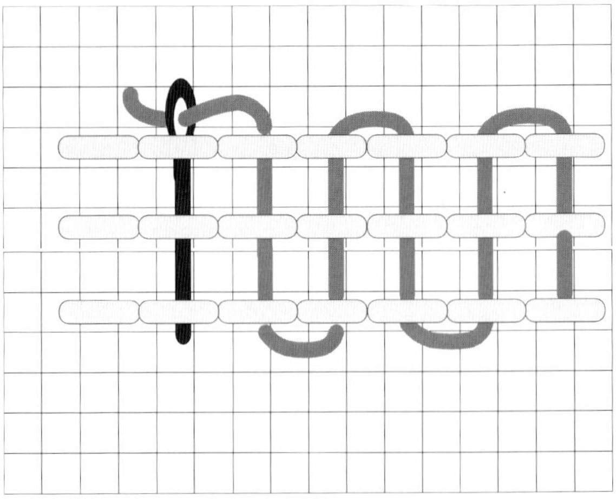

parallel verlaufenden Steppstiche gezogen, ohne den Stoff zu durchstechen.

4.16 Sternstich

Der Sternstich ist ein vielseitig einsetzbarer, attraktiver Zierstich, der auf glattem Stoff sowie auf einem Zählgewebe gearbeitet werden kann. Aneinandergesetzt ergibt er einen hübschen Bortenabschluß. Aber auch einzeln kann er eine kleine Blüte darstellen oder einfach Zierelement innerhalb grafischer Anordnungen (Hardanger) sein.

Seine Ausführung ist in zwei Varianten möglich: Bei dem einseitigen Sternstich wird ein Kreuzstich gestickt, der durch einen waagerechten Stich von links nach rechts und durch einen senkrechten Stich von unten nach oben überspannt wird.
Bei der zweiten Möglichkeit, dem gleichseitigen Sternstich, können die Stiche strahlenför-

Einseitiger Sternstich

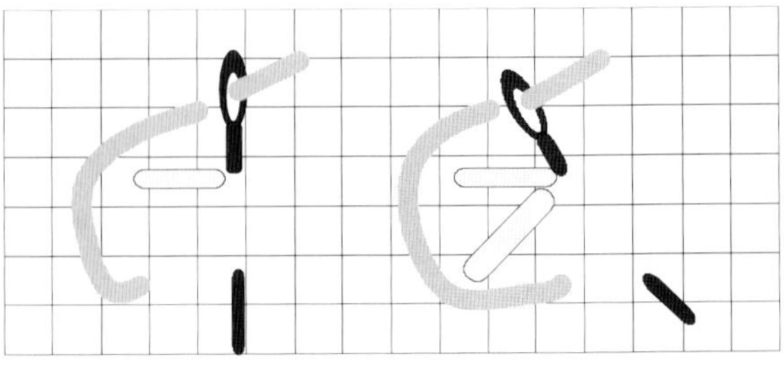

Gleichseitiger Sternstich

von oben: Sternstichreihe mit Kreuzstichcharakter auf Linda-Schülerleinen mit Sticktwist, Sternstich über zwölf Gewebefäden, Sternstich über sechs Gewebefäden

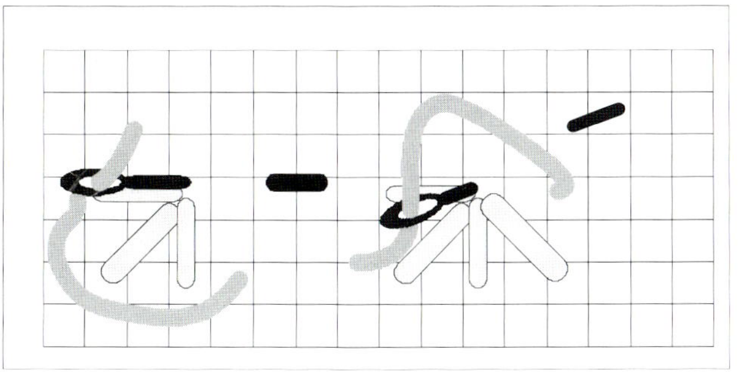

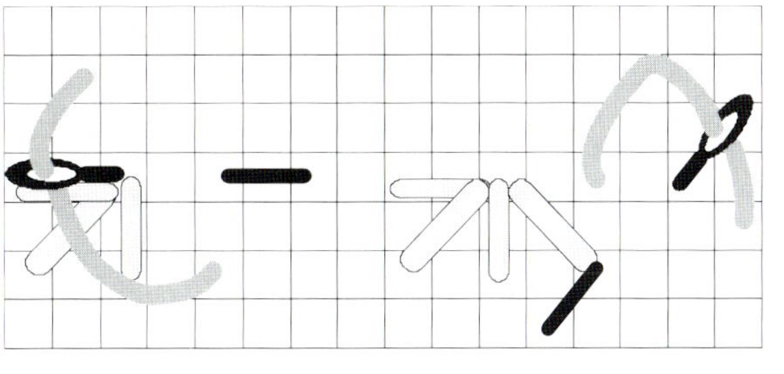

mig angeordnet werden, indem von einem Einstichloch acht Plattstiche zu den Seiten gearbeitet werden.
Wird eine Reihe von gleichseitigen Sternstichen angeordnet, arbeiten Sie zuerst die untere Hälfte von links nach rechts und anschließend die oberen, fehlenden Stiche.

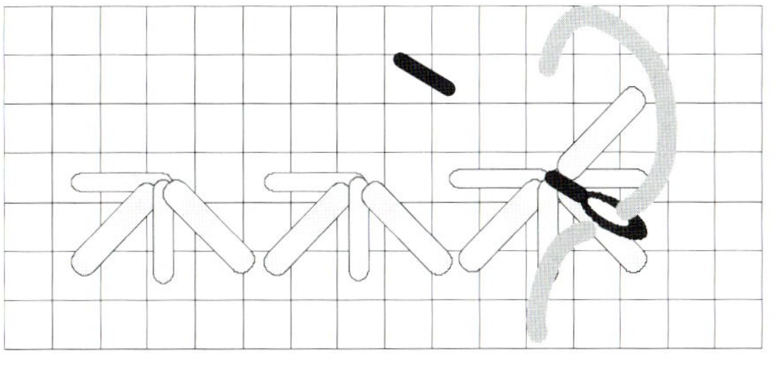

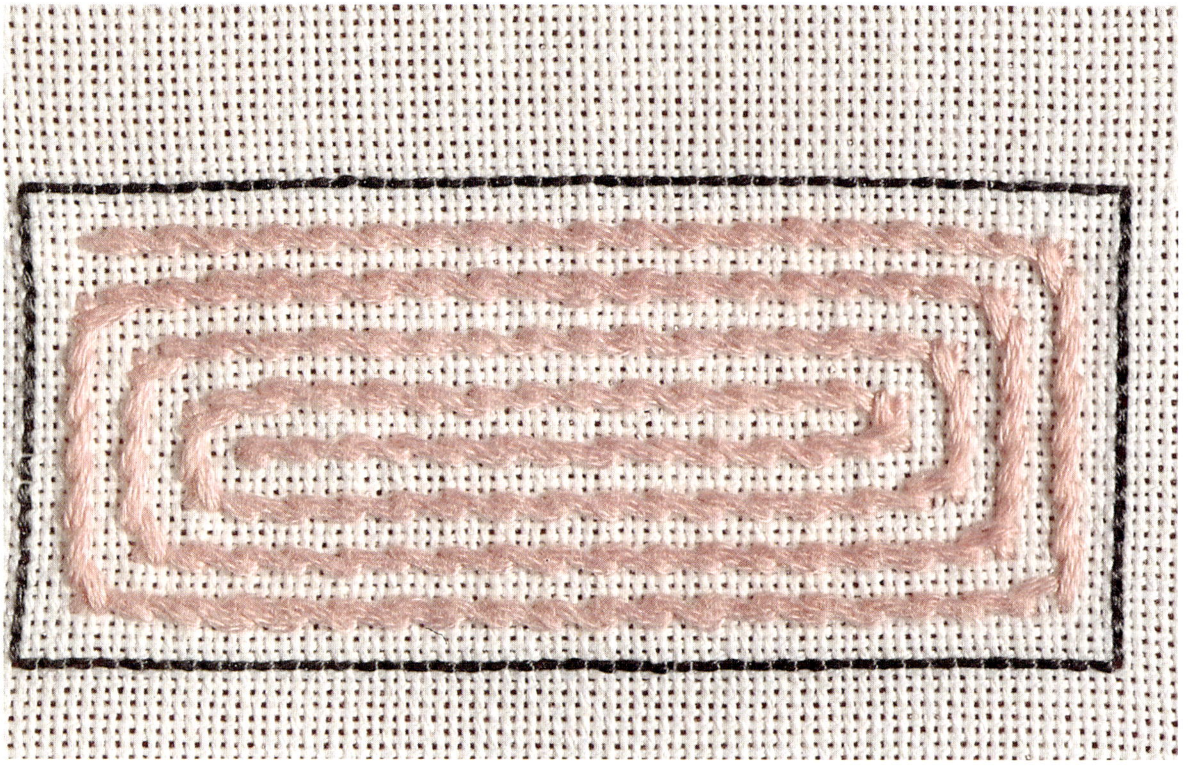

Stielstichreihe auf Linda-Schülerleinen mit Sticktwist

4.17 Stielstich

Der Stielstich gehört zu den Linienstichen. Hauptsächlich wird er für Konturen oder gerade Linien angewandt, oft in Verbindung mit anderen Stichen (z.B. Plattstich). Eng aneinanderliegend ist er aber auch als Füllstich einsetzbar.
Sie können den Stielstich auf jedem Stoff sticken, es ist kein Zählstoff erforderlich.
Arbeiten Sie von links nach rechts. Die Nadel wird von der linken Seite des Stoffes ausgestochen und in der gewünschten Breite des Stiches nach rechts eingestochen. Auf einem glatten Gewebe sollten Sie sich eine Linie ziehen (mit einem Bleistift oder gedanklich), die Sie jeweils von unten und oben übersticken. Bei einem Zählstoff arbeiten Sie bei diesem Arbeitsgang über mindestens vier Fäden.
Nun wird die Nadel zurückgeführt und über der Hälfte des ersten Stiches eingestochen, bei dem Zählstoffbeispiel über 2 Gewebefäden.
Wiederholen Sie diese Arbeitsschritte, ergibt sich folgendes Bild:

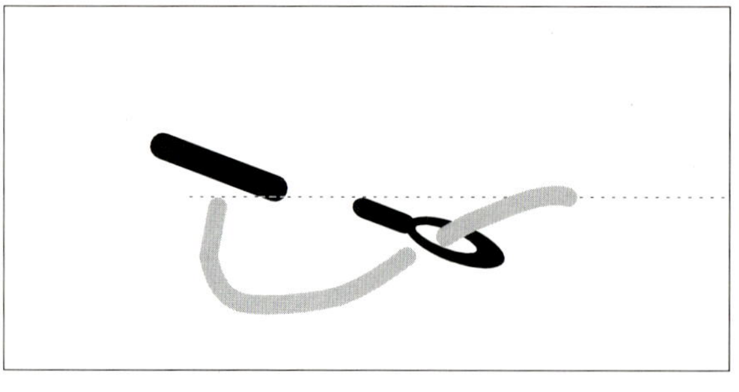

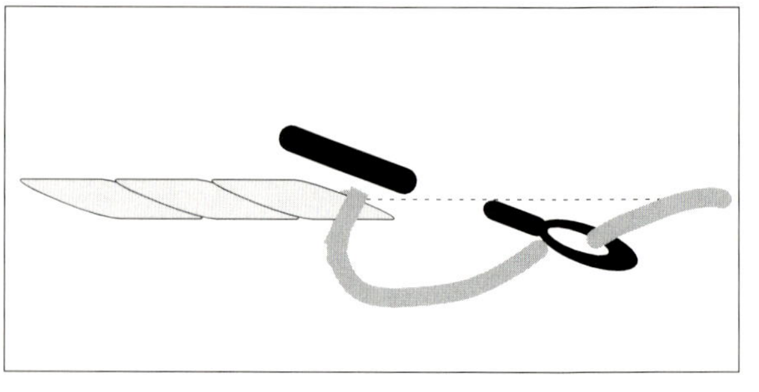

4.18 Türkischer Stich

Der Türkische Stich ist ein Stickstich mit großer Festigkeit. Er wird oft bei Hohlsaumarbeiten und in der Ajourstickerei eingesetzt. Optisch entsteht eine Reihe aneinanderliegender Dreiecke, deren Spitzen abwechselnd nach oben und unten zeigen.
Die Handhabung ist nicht schwer. In der folgenden Sticherklärung sind die verschiedenen Ein- und Ausstichpunkte mit A, B, C, D, E bezeichnet, da die Stiche doppelt ausgeführt werden. Arbeiten Sie von rechts nach links.
Stechen Sie bei A aus. Der Stich A zu B wird zweimal gestickt, die Nadel zu C geführt. Der Stich C zu B wird zweimal gestickt, die Nadel zu C geführt. Der Stich C zu A wird zweimal gestickt, die Nadel zu D geführt. Der Stich D zu A wird zweimal gestickt, die Nadel zu D geführt. Der Stich D zu C wird zweimal gestickt, die Nadel zu E geführt. Nun beginnt die Wiederholung: C zu E usw.

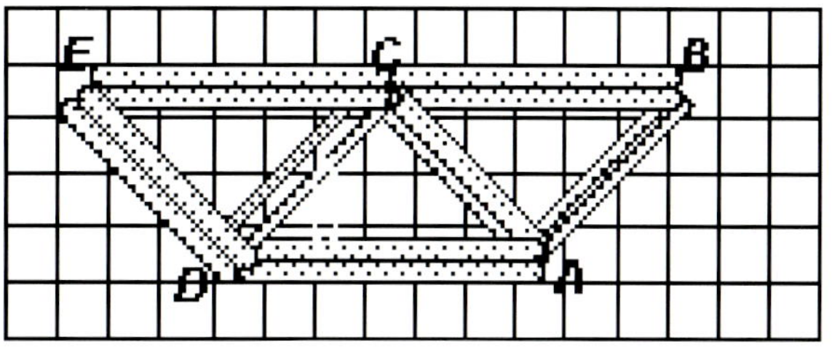

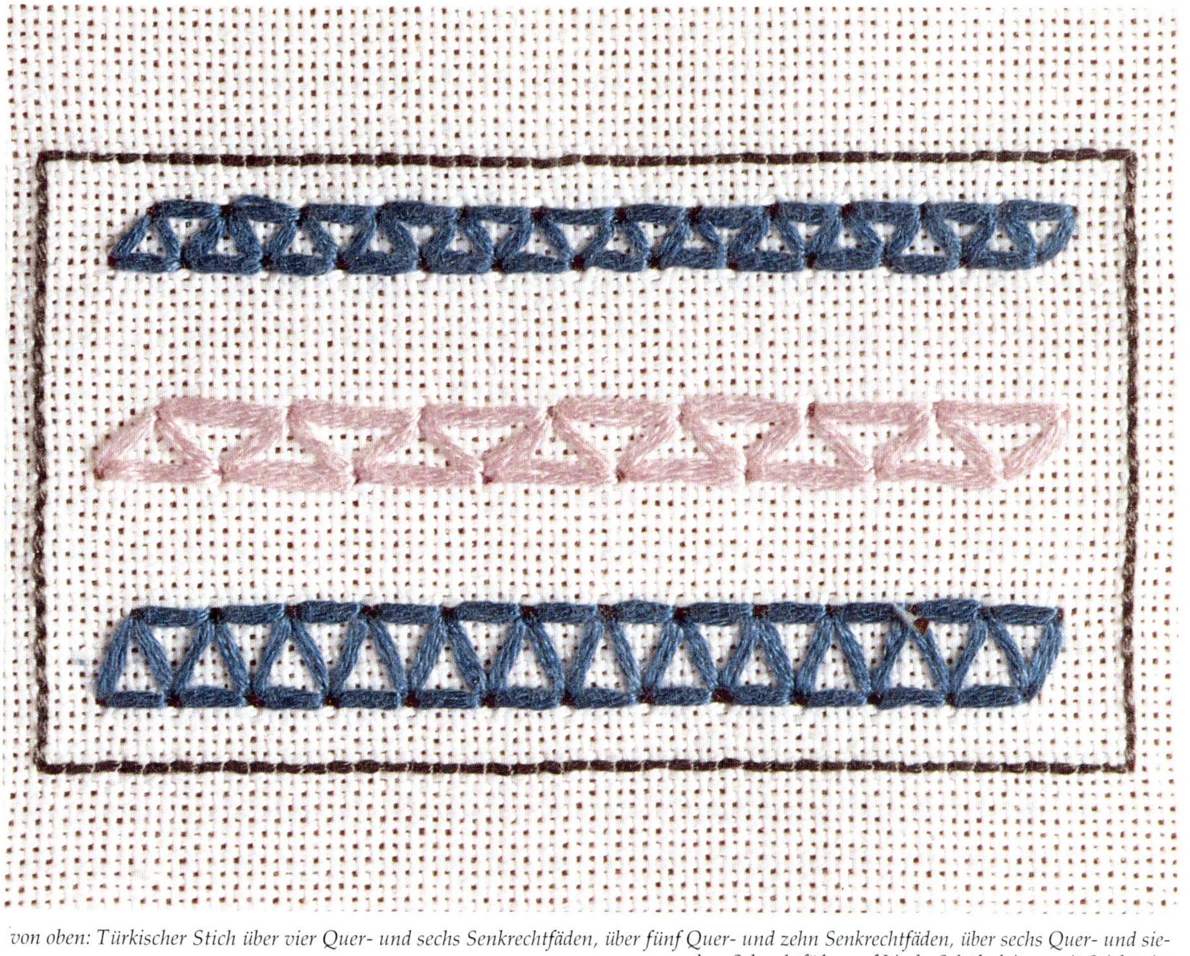

von oben: Türkischer Stich über vier Quer- und sechs Senkrechtfäden, über fünf Quer- und zehn Senkrechtfäden, über sechs Quer- und sieben Sekrechtfäden auf Linda-Schülerleinen mit Sticktwist

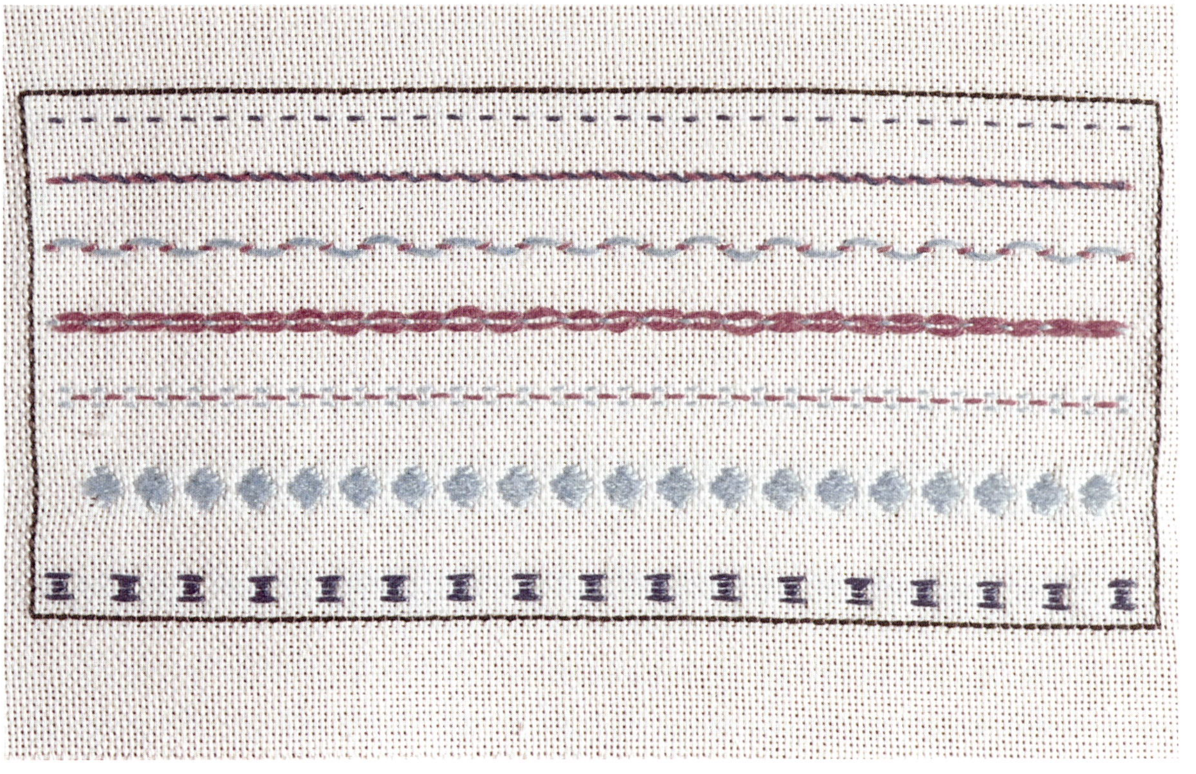

von oben: einfacher Vorstich, umschlungene enge Vorstichreihe weite Vorstichreihe mit eingezogenem Faden, weite Vorstichreihe mit beidseitig eingezogenem Faden, versetzt angeordnete Vorstichreihen, Anordnung verschiedener Stichlängen auf Linda-Schülerleinen mit Sticktwist

4.19 Vorstich

Der Vorstich ist der einfachste aller Linienstiche. Vielleicht kennen Sie ihn schon als einfachen Heftstich?
Er wird als Unterlegstich oft zur Verstärkung bei der Nadelmalerei und bei Weißstickereien genutzt sowie zu Markierungszwecken oder als

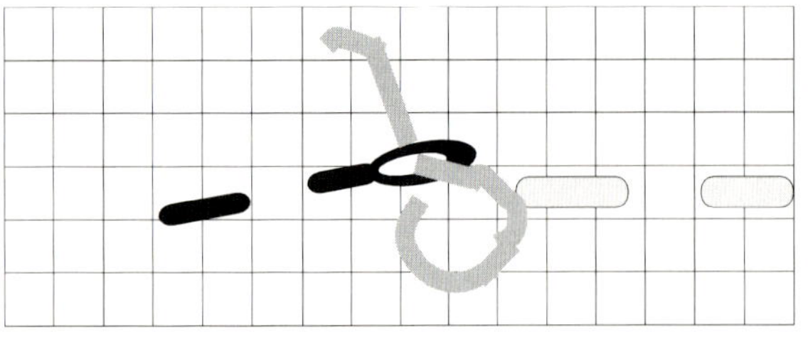

Unterstich für Plattsticharbeiten. So dient er zur Konturierung und zur Hervorhebung plastischer Darstellungen.
Doch wie Sie an dem Mustertuch sehen können, muß er nicht nur Hilfsstich zur Unterstützung oder Hervorhebung anderer Stickstiche sein. Bei einer geschickten Anordnung oder in Kombination mit einem eingezogenen Faden läßt er sich auch sehr schön als Zierstich verwenden.
Arbeiten Sie von rechts nach links, indem Sie eine bestimmte Anzahl Gewebefäden abwechselnd erfassen und übergehen.
Wie erwähnt kann der Vorstich auch abgewandelt oder verziert werden:

Umschlingen Sie eng zusammenliegende Vorstiche mit einem andersfarbigen Faden, ohne den Stoff zu erfassen, und es entsteht der Schnurstich.

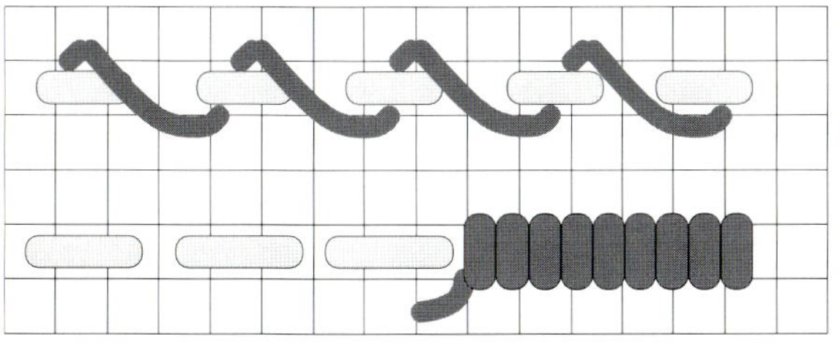

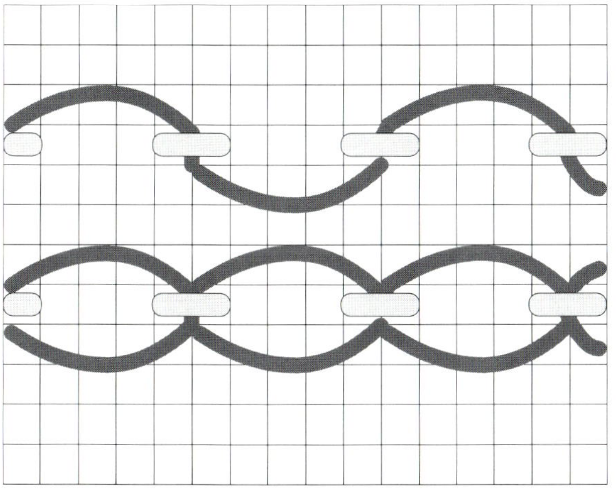

Umschlingen Sie auseinanderliegende Vorstiche mit einem andersfarbigen Faden, entweder nur zu einer Seite oder in einer Rückreihe auf beiden Seiten.

Differiert die Stichlänge der Oberseite mit der Stichlänge der Unterseite, entsteht folgendes Stickbild:

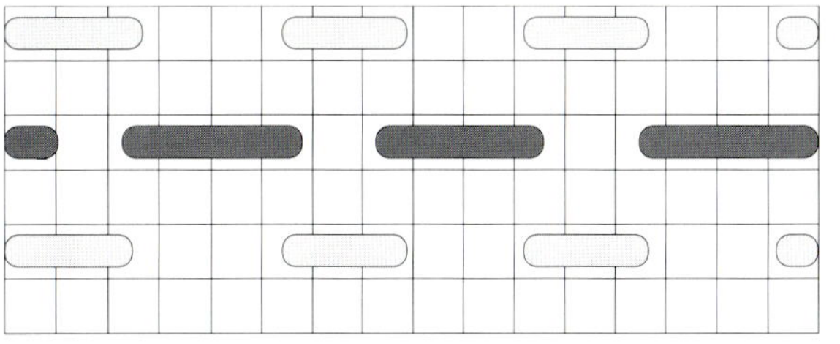

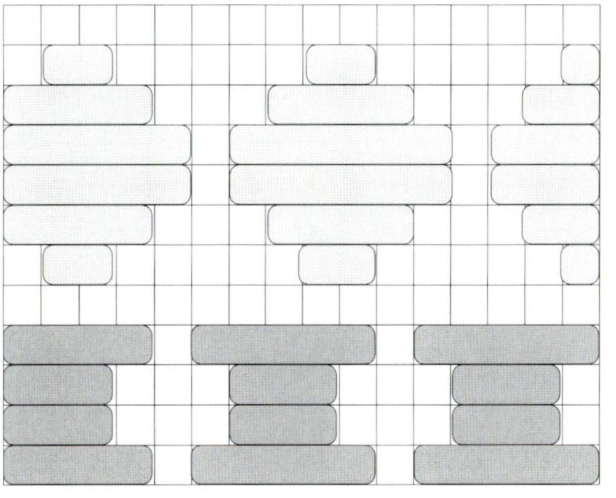

Werden die Stichlängen während jeder neuen Reihe verändert, entsteht ein Plattstichmuster, das sich auf den ersten Blick von diesem nur durch die Rückseite unterscheidet.

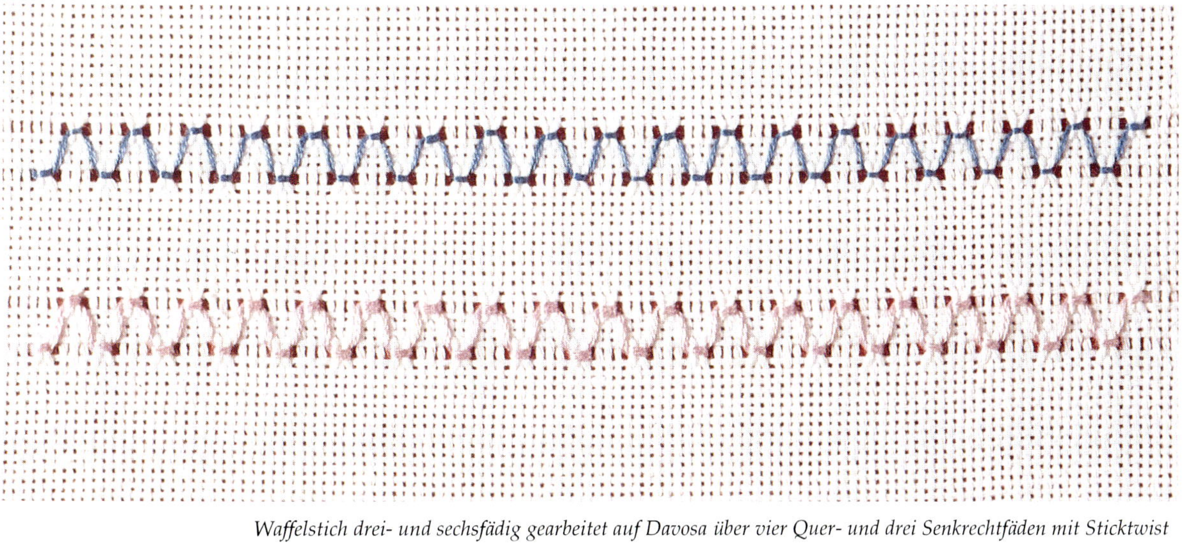

Waffelstich drei- und sechsfädig gearbeitet auf Davosa über vier Quer- und drei Senkrechtfäden mit Sticktwist

4.20 Waffelstich

Der Waffelstich (oder Wellenstich) wird für Durchbrucharbeiten und in der Ajourstickerei angewandt. Bei beiden Stickarten entsteht ein wellenförmiges Muster, das trotz optischer Attraktivität recht einfach zu erarbeiten ist. Ziehen Sie im Abstand von beispielsweise vier Gewebefäden zwei Gewebefäden heraus.
Als erstes stechen Sie in der oberen Fadenrinne aus und umschlingen vier nach rechts liegende Gewebefäden. Die Nadel wird senkrecht unter der Ausstichstelle nach unten geführt und vier nach links liegende Gewebefäden werden umwickelt. Durch den ständigen Wechsel von oben nach unten entsteht das Wellenmuster.

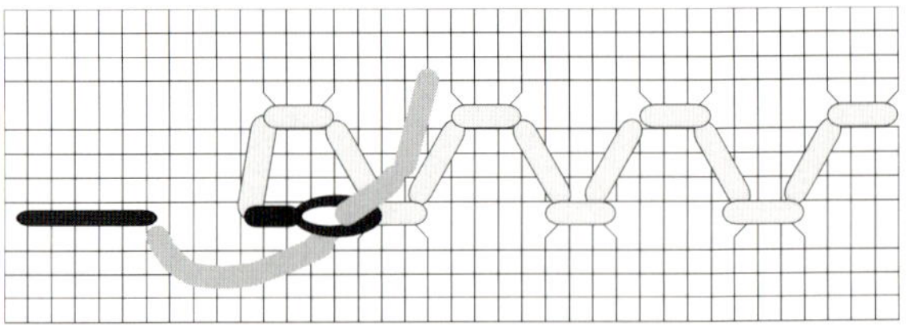

von oben: Zackenstich über vier Querfäden, entgegengesetzt angeordneter Zackenstichreihen, Zackenstichreihe über sieben Querfäden auf Linda-Schülerleinen mit Sticktwist

4.21 Zackenstich

Der Zackenstich gehört zu den gebräuchlichsten Stichen bei Smokarbeiten. Bei diesen Arbeiten liegen jedoch die langen Stiche meist auf der Rückseite des Stoffes. Als Zierstich wirkt er am besten als Reihe, versetzt oder entgegengesetzt angeordnet.

Der Zackenstich läßt sich hervorragend auf einem Zählstoff arbeiten. Bei einem glatten Stoff sollten Sie Hilfslinien ziehen.
Stechen Sie mit der Nadel von unten durch den Stoff, und führen Sie sie um die gewünschte Rückstichlänge nach rechts. Stechen Sie in der Mitte des Stiches wieder aus.

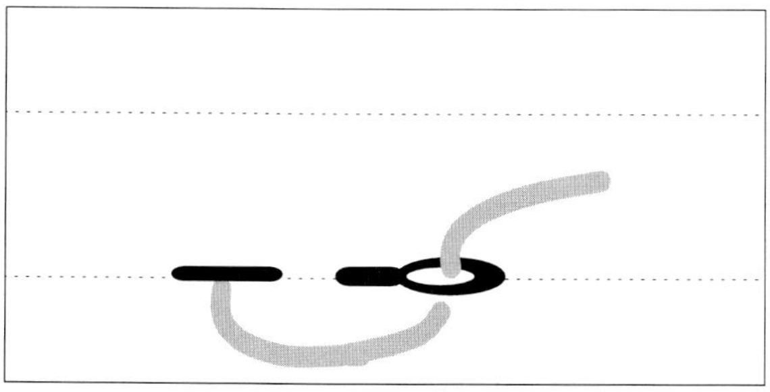

Stechen Sie die Nadel schräg rechts oben ein, und führen Sie sie gegenüber des ersten Rückstichendes wieder heraus.

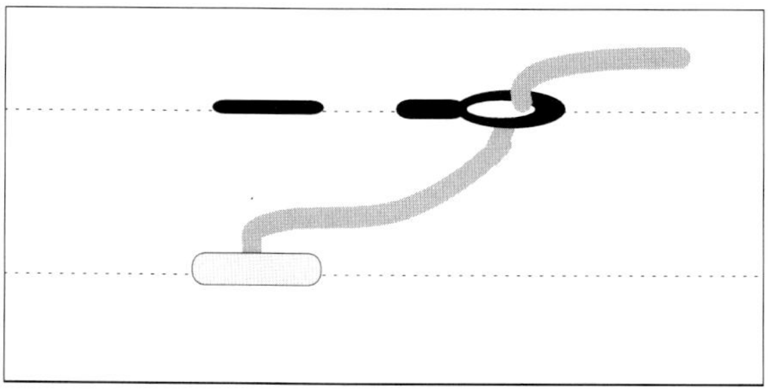

Nun arbeiten Sie wieder einen Rückstich, wie den vorhergehenden.

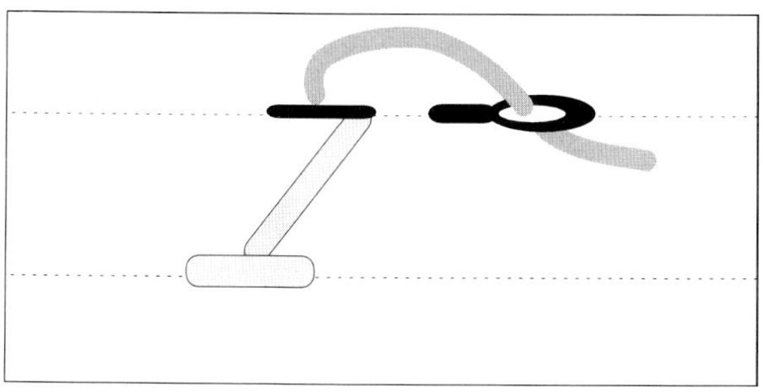

Nach dem Rückstich führen Sie die Nadel nach rechts unten, stechen um eine halbe Rückstichlänge ein und führen die Nadel waagerecht bis zum gegenüberliegenden Rückstichende.

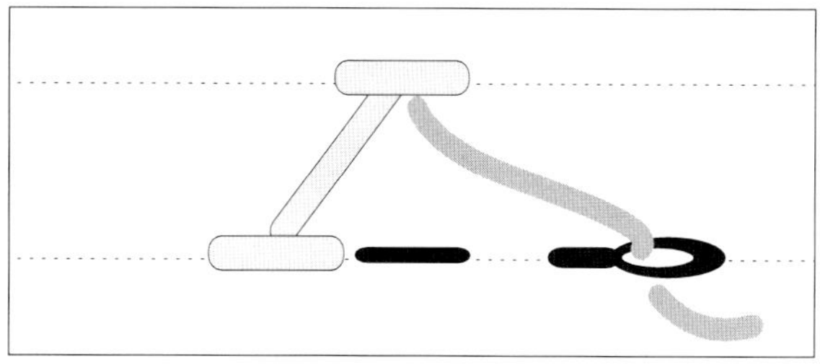

Der Rückstich muß noch vollendet werden. Sie kommen mit der Nadel wieder in der Mitte des Rückstiches heraus und beginnen damit wieder mit dem ersten Schritt.

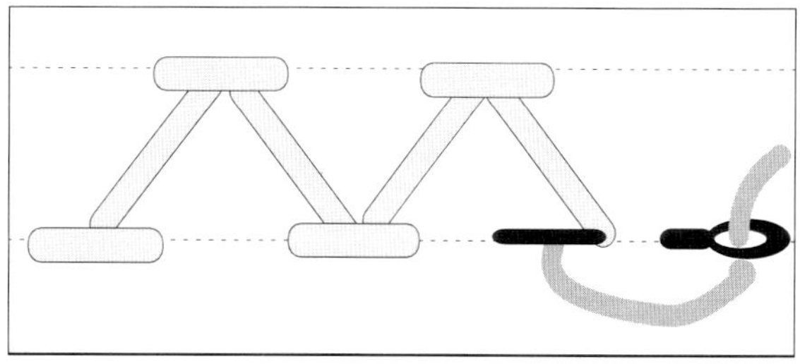

4.22 Zickzackstich

Der Zickzackstich (oder Maschenstich) ist ein attraktiver Zierstich, der sich sehr schön für Bordüren eignet und bedingt auch als Füllstich einsetzbar ist.
Auf der Vorderseite des Stoffes erscheint eine Zickzacklinie und auf der Rückseite zwei parallel verlaufende Steppstichreihen.
Arbeiten Sie von rechts nach links. Führen Sie die Nadel von unten durch den Stoff und diagonal (z.B. über drei Gewebefäden) nach rechts oben.
Führen Sie die Nadel über die doppelte Gewebezahl (z.B. 6 Gewebefäden) waagerecht nach links.
Nun stechen Sie wieder diagonal in die erste Ausstichstelle und führen die Nadel waagerecht nach links.
Die Anordnung der Zickzackstiche kann sehr vielfältig sein. Die folgende Abbildung zeigt zwei Zickzackreihen, die dicht untereinander gesetzt wurden und eine weitere Variation mit

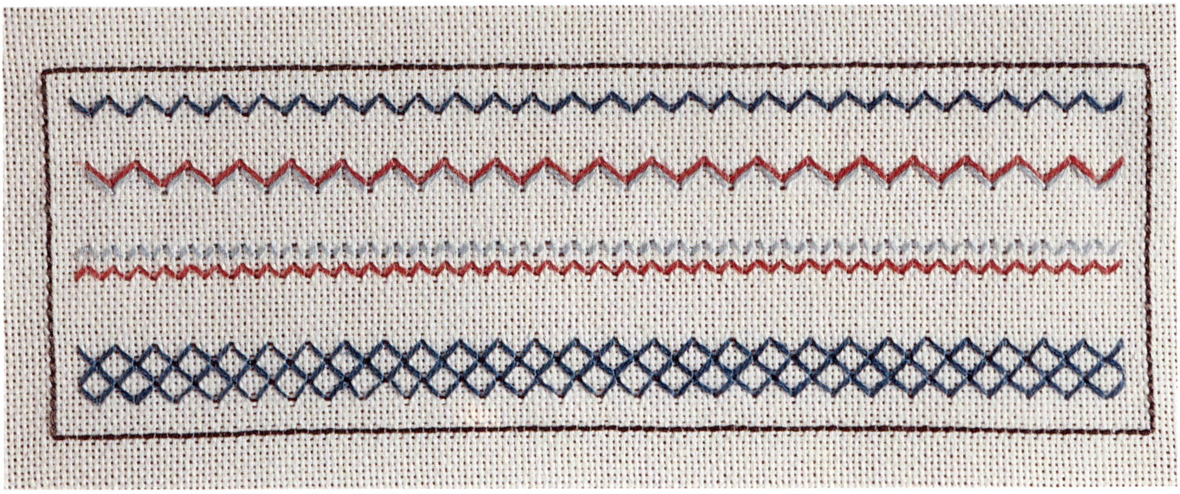

von oben: einfacher Zickzackstich über drei Querfäden, zwei untereinander gesetzte Zickzackreihen, um zwei Reihen versetzte Zickzackstiche über zwei Querfäden, Rautenmuster durch entgegengesetzt angeordnete Zickzackstiche auf Linda-Schülerleinen mit Sticktwist

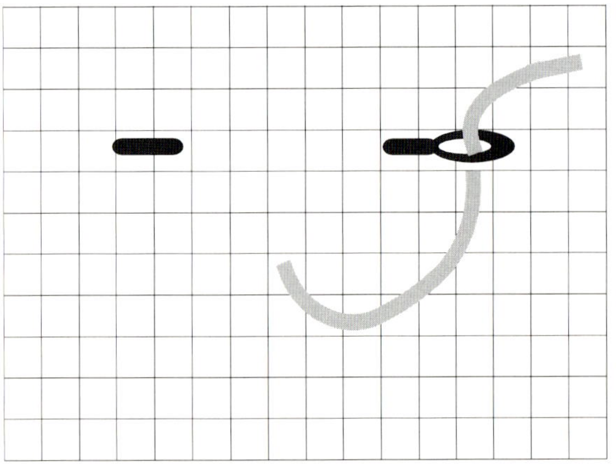

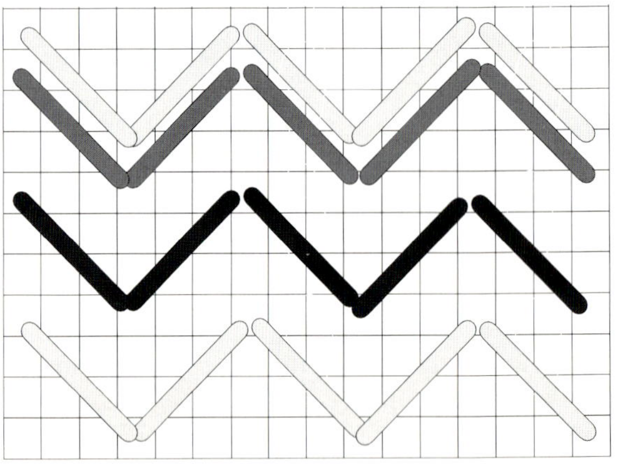

einem kleinen Abstand zwischen den Reihen. Sticken Sie mehrere, verbundene Zickzackreihen untereinander, ergibt sich ein interessantes Kästchenmuster, das auch mit anderen Stichen gefüllt werden kann, wie beispielsweise dem Knötchenstich.

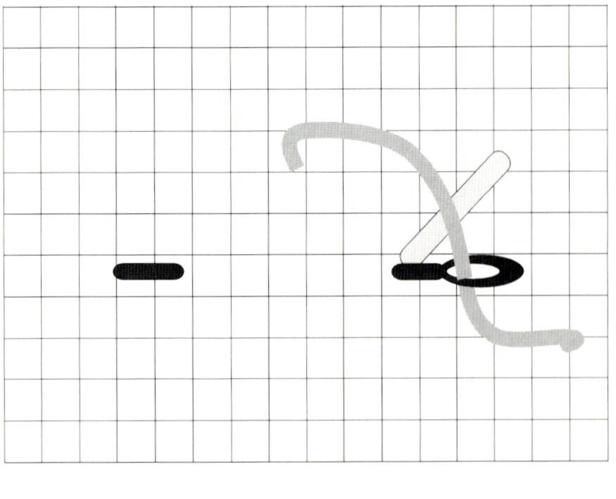

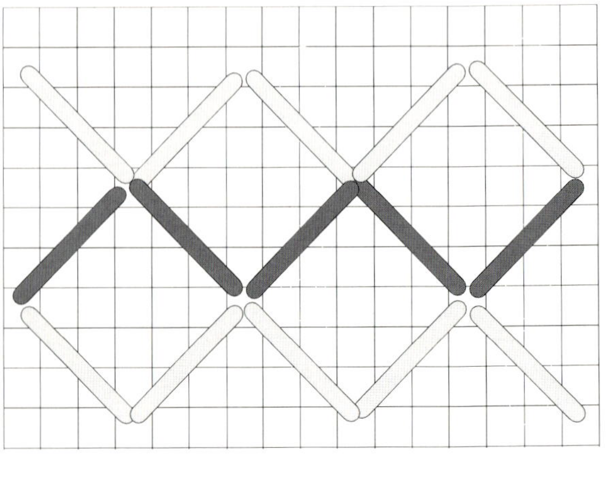

4.23 Ziegelstich

Der Ziegelstich ist ein gerader Gobelinstich, der versetzt gearbeitet wird. Geeignet ist er für grafische Muster. Stechen Sie von unten durch den Stoff und vier Fäden nach oben wieder ein. Nun wird die Nadel vier Fäden unter der Einstichstelle – um zwei Fäden nach rechts versetzt – wieder ausgestochen.

Die Rückreihe wird auf die gleiche Weise in die Zwischenräume der ersten Reihe gesetzt, um zwei Gewebefäden nach oben versetzt.

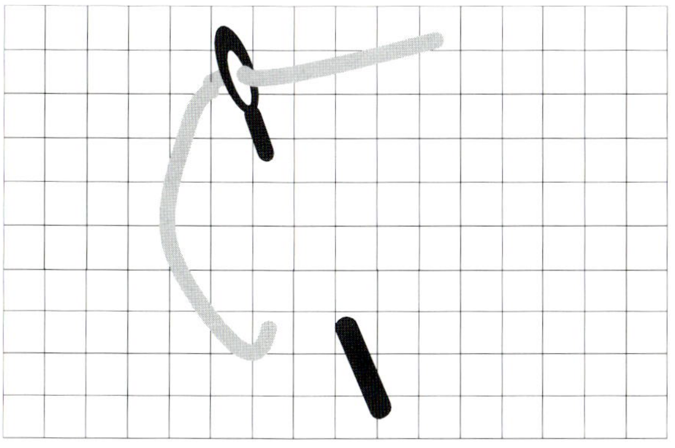

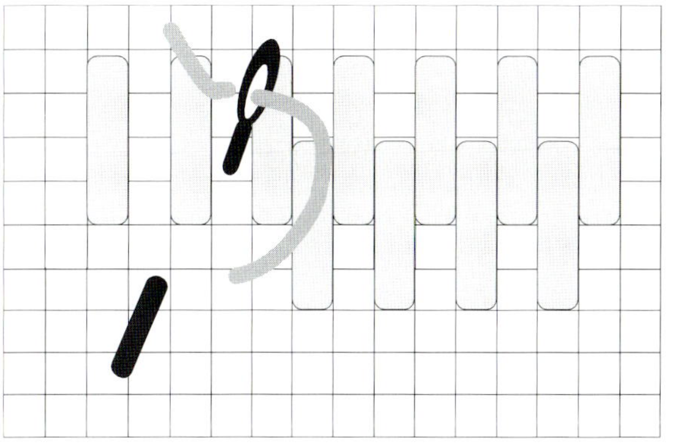

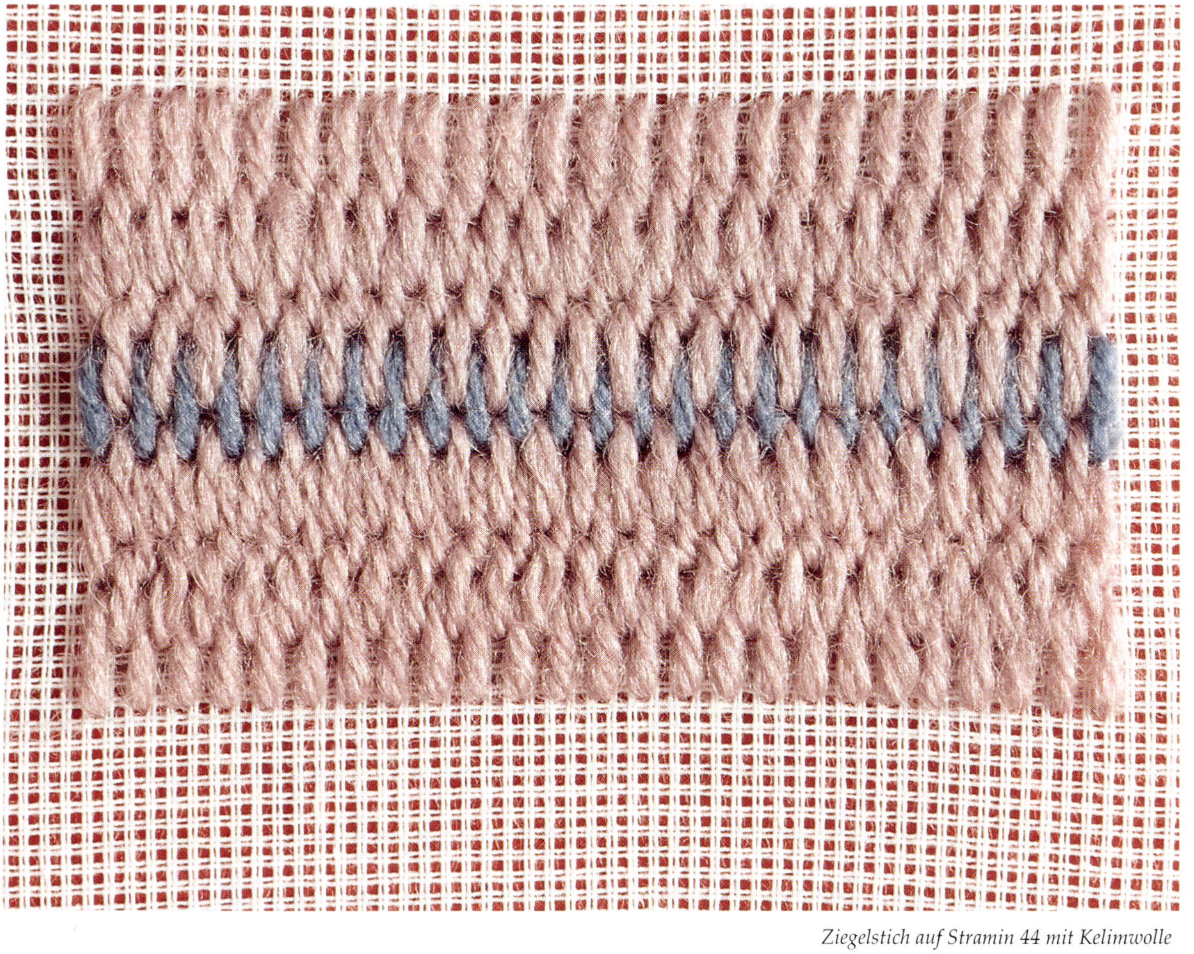

Ziegelstich auf Stramin 44 mit Kelimwolle

verschiedene Zweigstichvariationen auf Linda-Schülerleinen mit Sticktwist

4.24 Zweigstich

Der Zweigstich ist ein vielseitig einsetzbarer Zierstich in der Filet- und Tüllstickerei, auf jeglichem Zählstoff und in der Nadelmalerei, hier allerdings mit Vorzeichnung. Außerdem bietet er durch einfache Veränderung der Stichstellung oder der Dichte der Anordnung ein ebenso vielseitiges Stickbild.

Arbeiten Sie von oben nach unten. Stechen Sie die Nadel links aus und achten Sie darauf, daß der Arbeitsfaden unter der Stichlinie liegt. Führen Sie nun die Nadel um die gewünschte Stichlänge nach rechts und stechen Sie in der Mitte dieses Stiches wieder aus.
Nachdem Sie den Arbeitsfaden angezogen

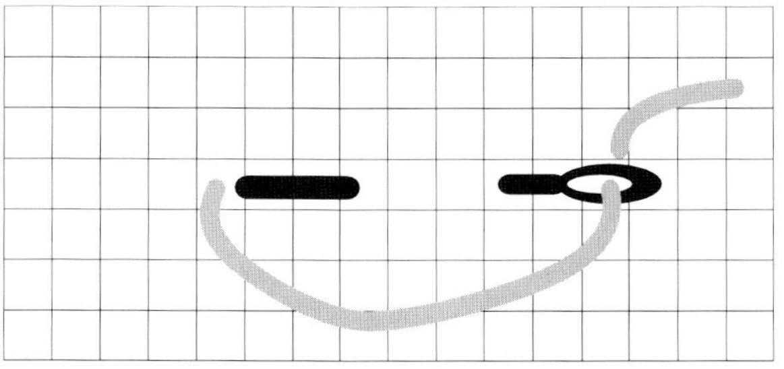

haben, setzen Sie die Nadel oberhalb des Fadens zu einem senkrechten Überfangstich an. Dabei führen Sie die Nadel zu dem nächsten Stichbeginn.

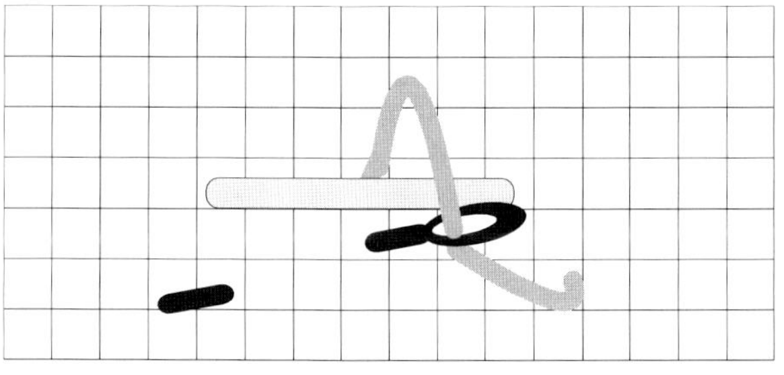

Waagerecht angeordnet ergibt sich folgendes Stickbild:

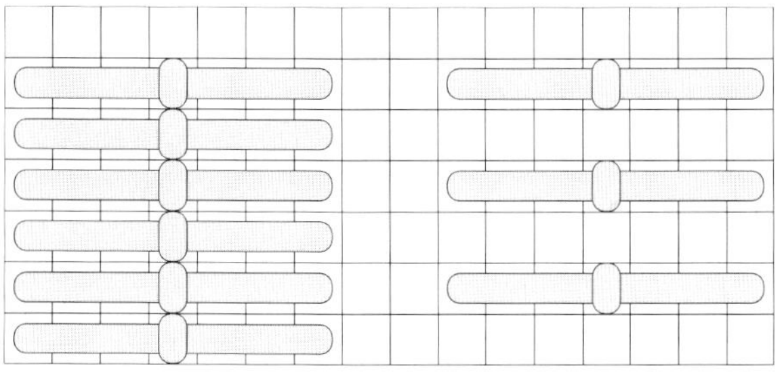

Wie schon erwähnt lassen sich die Stichrichtungen verändern. Setzen Sie die Stiche schräg, erscheint ein Tannenzweig.

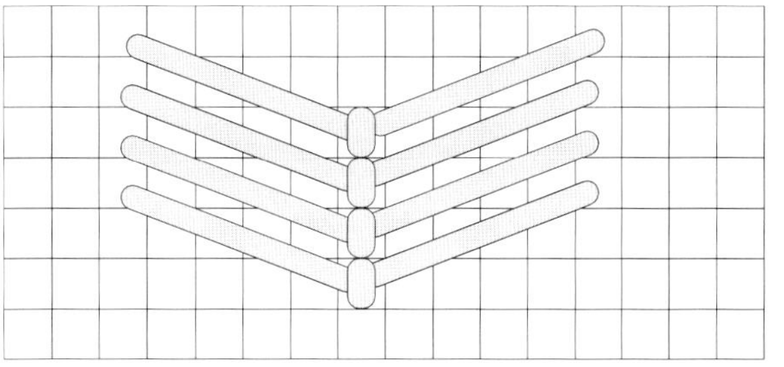

Der Fliegenstich ist ein abgewandelter Zweigstich oder Kettenstich, der in der Filet- und Tüllstickerei und in der Nadelmalerei eingesetzt wird.
Durch verschiedene Stichlängen des Überfangstiches, der versetzt gearbeitet wird, ist sein Aussehen variabel. Sticken Sie den Fliegenstich wahlweise von rechts nach links oder umgekehrt.

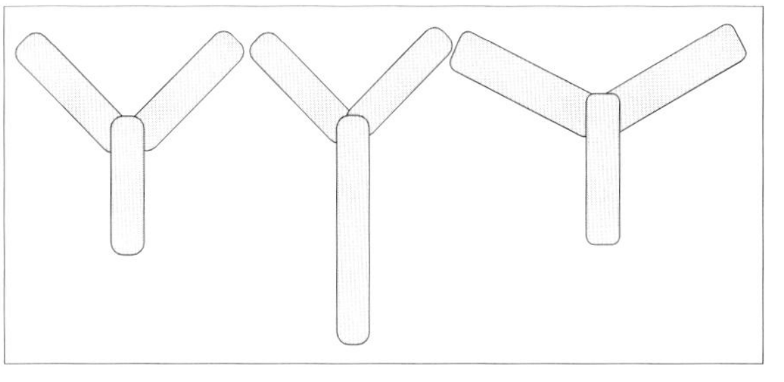

5. KOMBINATION VON VERSCHIEDENEN STICKSTICHEN

5.1 Fenster

Bei diesem Motiv werden viele verschiedene Stickstiche zu einem schönen und grafisch interessanten Gesamtbild vereint.
Da aus Gründen der Tiefenwirkung manche Stiche übereinander gestickt werden, arbeiten Sie von „hinten nach vorn". Die einzelnen, aufeinanderfolgenden Arbeitsschritte sind genau beschrieben.
Fertigmaß: 14,3 x 12,8 cm.
Material: 20 x 19 cm weißes Stern-Aida und Sticktwist in den Farben Blaugrau (MEZ Nr. 922/DMC 930), Grün (MEZ Nr.875/DMC 503), Gelb (MEZ Nr. 301/DMC 745), Hellblau (MEZ Nr. 167/DMC 598), Blau (MEZ Nr. 177/DMC 792), Dunkelblau (MEZ Nr. 123/DMC 791), Flieder (MEZ Nr. 96/DMC 554), Königsblau (MEZ Nr. 132/DMC 798), Hellgrün (MEZ Nr. 213/DMC 504), Fuchsia (MEZ Nr. 94/DMC 915), Dunkelgrün (MEZ Nr. 216/DMC 320) und Pink (MEZ Nr. 77/DMC 3687).

- Beginnen Sie mit dem Fensterrahmen (Stickschriftsymbol: ❍). Dafür verwenden Sie die Farbe Blaugrau. Sticken Sie zweifädig im Kreuzstich.
- Die Fensterlaibung wird sechsfädig im einfachen Gobelinstich oder halben Kreuzstich in Grün gearbeitet.
- Der Blumentopf wird dreifädig in Gelb mit dem Holbeinstich umrandet und mit Zickzackstichen ausgefüllt.
- Die Fensterbank ist hellblau und wird wieder durch zweifädige Kreuzstiche dargestellt.
- Für die Vorderansicht der Fensterbank verwenden Sie den einfachen Gobelinstich oder halben Kreuzstich, den Sie sechsfädig in Blau sticken.
- Im dunkelblauen Steppstich arbeiten Sie zweifädig die „gemalte" Fensterumrandung (dicke Linie) und die Trennlinie zwischen Fensterbank, Fensterlaibung und Fensterrahmen.
- Die Gardine wird zweifädig im Stielstich in Flieder gestickt (Doppellinie). Führen Sie die Nadel über zwei Gewebekästchen. Der untere Abschluß wird in der gleichen Farbe mit einem Kreuzstich über 3 x 2 Gewebekästchen dargestellt.
- Die Topfblume hat zweifädig gearbeitete, hellgrüne Margeritenstichblätter und Blüten aus pinkfarbenen, einfachen Knötchenstichen.
- Die Blüten der äußeren Umrandung werden zweifädig in Fuchsia gearbeitet, dargestellt durch den Margeritenstich, wobei alle Blütenblätter denselben Einstichpunkt haben.
- Die Rankenstiele innerhalb der äußeren Umrandung werden wieder in Blau gestickt, diesmal mit zweifädigen Stielstichen.
- Die kleinen gelben Farbpunkte sind einseitige Sternstiche in Gelb (zweifädig).
- Als letztes sticken Sie die dunkelgrünen Blätter der Umrandung zweifädig im Kreuzstich (Stickschriftsymbol: ✱).

halber Kreuzstich, grün
Kreuzst., hellblau
halber Kreuzstich, blau
Knötchenstich
Kreuzstich
Stielstich, blau
Margeritenstich
gleichs. Sternstich
Stielstich, flieder

5.2 Haustür

Der Eingangsbereich eines Hauses sagt dem Betrachter manchmal eine ganze Menge über die Bewohner. Oft sind die Türen selbst schon Kunstwerke, die Farbe verrät einiges über den Geschmack des Malers, Kleinigkeiten wie liebevoll gehäkelte Gardinen, Blumen und angebrachte Kunstgegenstände zeigen die Einstellung zum Wohnen oder die Liebe zum Detail. In der Stickschrift entspricht ein Rasterkästchen einem Gewebekästchen des Stoffes. Sofern keine abweichende Angabe gemacht wird, sticken Sie zweifädig.

Fertigmaß: 12,2 x 13,6 cm.
Material: 19 x 17 cm weißes Stern-Aida und Sticktwist in den Farben Blau (MEZ Nr. 979/ DMC 312), Weiß (MEZ Nr. 1/DMC blanc 5200), Pink (MEZ Nr. 68/DMC 3687), Aubergine (MEZ Nr. 871/DMC 3041), Blaugrün (MEZ Nr. 187/ DMC 958), Grün (MEZ Nr. 216/DMC 320), Fuchsia (MEZ Nr. 94/DMC 915), Gelb (MEZ Nr. 295/DMC 726), Lila (MEZ Nr. 98/DMC 553), Flieder (MEZ Nr. 870/DMC 3042), Türkis (MEZ Nr. 169/DMC 517) und Anthrazit (MEZ Nr. 401/ DMC 413).

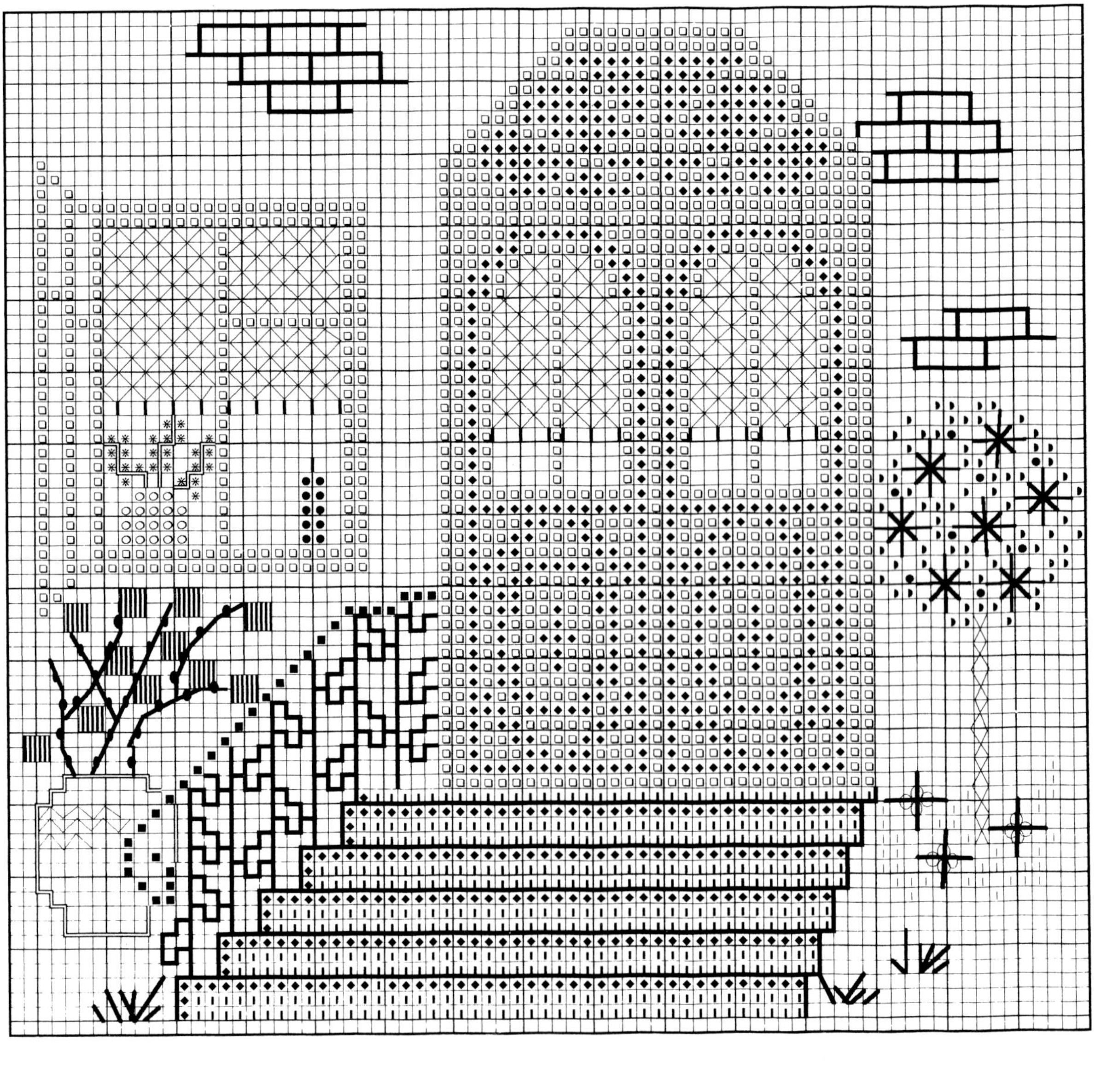

- Beginnen Sie mit den weißen Einsätzen der Haustür. Sie werden im Kreuzstich gestickt (Stickschriftsymbol ❑). Ebenso verfahren Sie mit den blauen Farbflächen der Tür und des Fensters (Stickschriftsymbol ◆).
- Die Gardinen werden im Zickzackstich einfädig in der Farbe Pink gearbeitet. Für die Abschlußkante wenden Sie den Vorstich (dicke Linie) an.
- Die Treppe wird sechsfädig mit dem einfachen Gobelinstich bzw. halben Kreuzstich ausgestickt. Die auberginefarbenen Flächen sind mit diesem Symbol gekennzeichnet: **I**, die weißen Gobelinstiche wieder mit ◆. Die eingezeichneten dicken Linien stellen Steppstiche in Anthrazit dar.
- Das Treppengeländer besteht aus anthrazitfarbenen Kreuzstichen ■ und Steppstichen (dicke Linien).
- Die Vasen werden beide in Türkis gearbeitet. Auf der Fensterbank steht eine Kreuzstich-Blumenvase ❍. Die darinstehenden Zweige werden mit blaugrünen Holbeinstichen gearbeitet und die Blüten in gelben Kreuzstichen ❊. Der große Blumentopf hat eine Steppstichumrandung (Doppellinie) sowie eine Füllung aus Zickzackstichen.

Die Blumenranken werden mit Kettenstichen in Grün gestickt und die Blüten mit Pink im gleichseitigen Sternstich.

- Das Blumenbäumchen auf der rechten Seite stellen Sie mit Kreuzstichen in Blaugrün ◗ und Lila ● dar. Die großen gelben Blüten werden wieder aus Sternstichen, diesmal mit unterschiedlichen Stichlängen, gearbeitet. Für den Stamm benötigen Sie die Farbe Flieder (dreifädig). Sticken Sie die Kreuzstiche über ein Gewebekästchen in der Breite und zwei in der Höhe.
- Am Fuße des Bäumchens stehen fuchsiafarbene Margeritenstichblumen, deren Überfangstiche über ein Kästchen gearbeitet werden, umrahmt von Blättern |, die im Kreuzstich gestickt werden.
- Für die Andeutung des Mauerwerkes wenden Sie den anthrazitfarbenen Steppstich an.
- Die Kerze auf der Fensterbank ist lila ● und besteht aus sechsfädigen, einfachen Gobelinstichen. Der Docht ist ein Vorstich in Anthrazit.
- Für die Grashalme am Ende der Treppe wählen Sie die bereits erwähnten Grüntöne. Sie werden mit dem Steppstich dargestellt.

5.3 Blumenkranz

Blumen gehören zu den bevorzugten Stickmotiven. Die Natur als Motivgeber bietet einen unerschöpflichen Reichtum an Farbkompositionen.
Wenn Sie möchten, können Sie die Farben der Vorlage auswechseln. Beachten Sie dabei nur, daß sich kalte und warme Farben selten vertragen. Kalte Farben haben einen „Schuß" Blau in sich, warme Farben sind mit Gelb vermischt.
Dieser bezaubernde Blumenkranz paßt, in welcher Farbkomposition auch immer, wunderbar auf eine Spandose, als Bild an die Wand oder auf eine ganz besondere Glückwunschkarte. Ein hübscher Blickfang sind die eingearbeiteten Perlen.
Material: Pünktchen-Damast in Flieder, Sticktwist (dreifädig) in den Farben Dunkelgrün (MEZ Nr. 216 / DMC 320), Pink (MEZ Nr. 68 / DMC 3687), Flieder (MEZ Nr. 95 / DMC 211), Lila (MEZ Nr. 101 / DMC 552), Gelb (MEZ Nr. 301 / DMC 745) und Blau (MEZ Nr. 146 / DMC 798) sowie rosafarbene, kleine Perlen (Bastelbedarf).
Mit einem Bügelstift stellen Sie sich ein Bügelmuster her und übertragen es auf Ihren Stoff (siehe „Motive übertragen" S. 75).
Die Blätter werden mit dunkelgrünen Plattstichen gefüllt, die Rankenstiele im Stielstich gearbeitet. Die Stiele der halb geöffneten Blüten werden ebenfalls im Stielstich gestickt, allerdings in Blau. Die Blütenansätze haben die gleiche Farbe und werden durch Plattstiche dargestellt. Sämtliche Blütenblätter sticken Sie mit Margeritenstichen in Pink, die Blütenmitten in Gelb mit Plattstichen.
Die in dem Bügelmuster eingezeichneten Punkte werden mit Knötchenstichen ausgearbeitet, wobei Sie wahlweise Sticktwist in Lila und Flieder verwenden.
Bevor Sie abschließend zwischen die Knötchenblüten die rosafarbenen Perlen setzen, sollten Sie Ihr Stickmotiv waschen und kräftig stärken. Sind die Perlen bereits aufgenäht, drückt das Bügeleisen kleine Beulen in den Stoff. Ein perfektes Glätten des Bildes ist dann nicht mehr möglich.

5.4 Gartendecke

Zu den schönsten Vergnügungen des Sommers gehört sicherlich der Kaffeeplausch im Freien. Auf der Terasse, dem Balkon oder vor dem Gartenhäuschen ist das feierliche Ambiente eines festlich gedeckten Tisches meistens fehl am Platz. Das muß aber nicht zwangsläufig heißen, daß man seinen Kaffeetisch nicht trotzdem liebevoll und ansprechend gestalten kann.
Für diese Gelegenheiten wählt man oftmals einen Stoff mit etwas rustikalerem Charakter, um das erwünschte Mittelmaß zu finden. Die Stickerei ist durch die Größe der Stiche verhältnismäßig schnell erarbeitet, so daß dieses Motiv besonders gut für Stickanfänger geeignet ist, die mit dieser Arbeit ein ganz zügiges Erfolgserlebnis haben werden.
Die vorgewebten, zu bestickenden Flächen des gezeigten Stoffes ermöglichen eine Motivwiederholung nach Wahl. Bei einer rechteckigen, großen Tischdecke können auch die gesamten Seitenränder bestickt werden. Lassen Sie dann die eine Hälfte der Blütenköpfe sich nach rechts und die andere Hälfte in die entgegengesetzte Richtung neigen.
Material: Stoff Palisade, blaues Bändchengarn (Wollhandel) und Sticktwist in Gelb, Grün und Dunkelgrün.
Arbeiten Sie zuerst die Kreuzstiche (siehe Zeichenerklärung) sechsfädig über 2 x 2 Gewebefäden. Die in der Stickschrift eingezeichneten Doppellinien stellen Steppstiche dar, die in Dunkelgrün gestickt werden.
Für die Blütenblätter verwenden Sie das blaue Bändchengarn und sticken damit Plattstiche. Die Ein- und Ausstichstellen entnehmen Sie bitte der Stickschrift (dicke Linien).

Zeichenerklärung:

	MEZ	DMC	
1 u. ●	= Nr. 301	745	gelb
❍	= Nr. 214	368	grün
❑	= Nr. 216	320	dunkelgrün

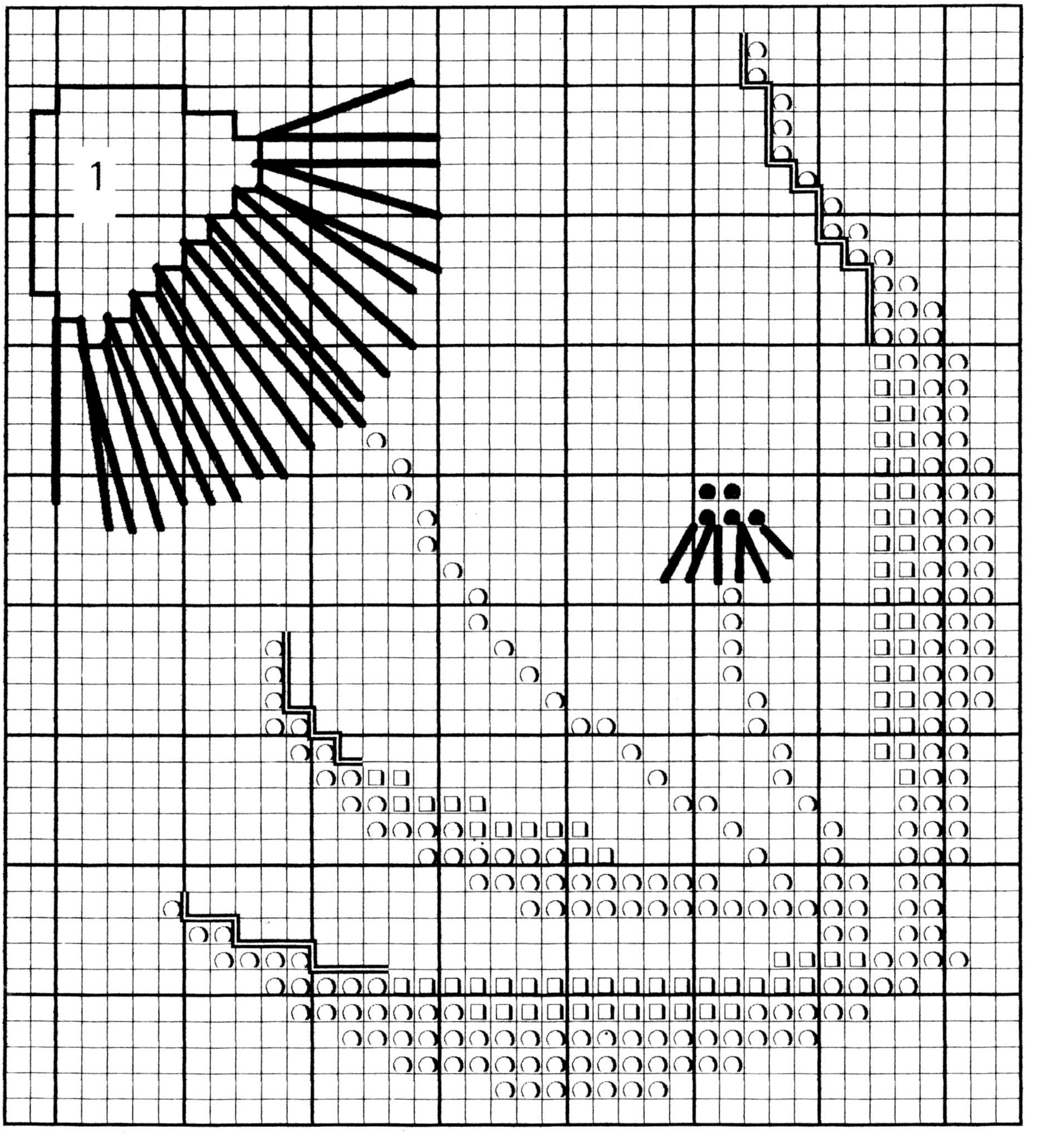
1

6. Anhang

Auf den folgenden Seiten finden Sie alte Stickarbeiten, bei denen verschiedene Stickstiche kombiniert werden. Sie zeigen ebenso wie die anderen in diesem Buch vorgestellten Motive deutlich, wie vielseitig Stickereien eingesetzt werden können.

Vielleicht lassen Sie sich durch diese Motive anregen, nicht nur moderne Stickmuster als Vorlage zu verwenden, sondern auch alte Stickereien nachzuarbeiten oder selbst Stickmotive zu entwerfen. Wie auch immer Sie sich entscheiden mögen, ich wünsche Ihnen auf jeden Fall viel Freude dabei.

Bestecktasche mit Buntstickerei

Paradetuch mit Plattstichkombinationen

Paradetuch

Tischdecke

7. STICHWORTVERZEICHNIS

Ein DANKESCHÖN an alle, die mitwirkten und alte Handarbeiten sowie Materialien zur Verfügung stellten.

Bremer Tapisserie Werkstätten, Garne
Karin Dalgas, Schattenstickerei
Ella Graumann, Hardanger Stickerei, Nadelmalerei
Marie-Luise Grefling, Gobelin
Andrea Helbig, Lochstickerei
Britta Kaiser, Weißstickerei, Näharbeiten
Klass-Gessmann, Stickrahmen
Inge Lahr, Richelieustickerei
Christa Matetzki, Ajourstickerei, Richelieustickerei
Coats Mez GmbH, Garne
Gaby Reschka, Weißstickerei, Buntstickerei, Filetstickerei
Zweigart & Sawitzki, Stoffe

Weitere Titel zum Thema STICKEN:

ISBN 3-8241-0600-0

ISBN 3-8241-0573-X

ISBN 3-8241-0553-5

ISBN 3-8241-0531-4

ISBN 3-8241-0518-7

ISBN 3-8241-0488-1

ISBN 3-8241-0555-1